汽车4S店运营管理机制研究

杨济军◎著

吉林出版集团股份有限公司
全国百佳图书出版单位

图书在版编目（CIP）数据

汽车 4S 店运营管理机制研究 / 杨济军著 . -- 长春 :
吉林出版集团股份有限公司 , 2024.3
ISBN 978-7-5581-1969-9

Ⅰ . ①汽… Ⅱ . ①杨… Ⅲ . ①汽车—专业商店—经营
管理—研究 Ⅳ . ① F717.5

中国国家版本馆 CIP 数据核字 (2023) 第 228128 号

汽车 4S 店运营管理机制研究
QICHE 4S DIAN YUNYING GUANLI JIZHI YANJIU

著　　者　杨济军
责任编辑　王贝尔
封面设计　李　伟
开　　本　710mm × 1000mm　　1/16
字　　数　200 千
印　　张　11.25
版　　次　2024 年 3 月第 1 版
印　　次　2024 年 3 月第 1 次印刷
印　　刷　天津和萱印刷有限公司

出　　版　吉林出版集团股份有限公司
发　　行　吉林出版集团股份有限公司
地　　址　吉林省长春市福祉大路 5788 号
邮　　编　130000
电　　话　0431-81629968
邮　　箱　11915286@qq.com
书　　号　ISBN 978-7-5581-1969-9
定　　价　69.00 元

作者简介

杨济军，女，毕业于辽宁工业大学，汽车与拖拉机专业，大学本科，现任山东电子职业技术学院，讲师，教师。研究方向：汽车电子控制技术。

长期从事汽车类专业教学，有企业实践经验。发表了《汽车类专业中高职衔接课程体系的构建》《制造强国战略下的职业技术后备人才培养策略》《校企合作的特色课程资源建设研究》等论文7篇，发明专利1项，实用新型专利3项，计算机软件著作权共8项，参编《汽车电气构造与检修》《汽车电路分析》《AUTOCAD电气设计》等4部教材。主持参与省级以上课题4项，校级课题2项，指导学生参与“互联网+”、“挑战杯”、机电产品创新设计竞赛，获得国家级奖励1项、省级奖励6项。

前言

改革开放以来，我国国民经济得到了迅猛发展，国家的经济实力和国民的消费水平大幅提升。随着人民生活水平的不断提高，轿车逐渐进入百姓家，汽车贸易进入蓬勃发展阶段。作为汽车销售服务企业的核心代表——汽车 4S 店如雨后春笋般地出现在全国各地。然而，在汽车需求旺盛的今天，汽车 4S 店所面对的不仅仅是大好的发展前景，也面临着严峻的市场竞争。如何在激烈竞争中处于不败之地，成为汽车业界研究的主要课题。

随着中国汽车工业的进步，汽车市场竞争越来越激烈。为保持竞争优势，国内许多汽车制造商采用先进营销策略。通过对全球经济形势的分析和研究可以得出结论，我国消费者习惯正在从传统保守型转变为多元化类型。将企业的特色与时代特征有机结合起来，创造出全新的销售模式，是当前需要解决的问题。

现阶段，中国的经济增长速度正在放缓，人民的生活水平已经有了很大程度的提高，与此同时，消费者对于购车的看法逐渐发生了改变。在这种情况下，随着消费者购车意识的改变，私家车的拥有量持续攀升。在竞争激烈的市场中，如何满足消费者的需求，获得更多用户份额，已成为汽车企业要面对和解决的问题。

本书主要内容为汽车 4S 店运营管理机制研究，共分为五章进行介绍。第一章为汽车 4S 店概述，分为三节内容，第一节对汽车 4S 店的优势、问题进行简要介绍，其余两节对汽车 4S 店形象塑造与竞争力、汽车 4S 店服务战略进行了介绍；第二章内容为汽车 4S 店人力资源管理，分别从汽车 4S 店人员招聘与培训、汽车 4S 店绩效与薪酬方面进行阐述；第三章阐明汽车 4S 店配件供应与仓储管理，共包括三节内容，分别为汽车 4S 店配件概述、汽车 4S 店配件供应规范化管理、汽车 4S 店配件仓储管理；第四章介绍汽车 4S 店销售管理，内容有五节，分别是汽车 4S 店销售队伍建立与管理、汽车 4S 店整车销售市场分析、汽车 4S 店整车销售价格定位、汽车 4S 店促销与宣传、汽车营销创新与人才能力要求；第五章为汽车 4S 店售后服务管理，相关内容共分为四个方面，分别是汽车 4S 店售后服务概述、汽车 4S 店售后服务流程管理、汽车 4S 店维修服务管理、汽车 4S 店售后服务客户关系管理。

在撰写本书的过程中，作者得到了许多专家学者的帮助和指导，参考了大量的学术文献，在此表示感谢。由于作者水平有限，书中难免会有疏漏之处，望同行及读者批评指正。

杨济军

2023 年 4 月

目 录

第一章　汽车 4S 店概述

本章概述汽车 4S 店，共分三个内容，汽车 4S 店的优势和问题、汽车 4S 店形象塑造与竞争力、汽车 4S 店服务战略。

第一节　汽车 4S 店优势与问题

1998 年，汽车 4S 店开始逐渐引进中国市场，成为来自欧洲的新兴产业。“4S 店”提供了全方位的汽车服务，“4S”代表着新车整车销售（Sale）、零配件供应（Spare part）、售后服务（Service）、信息反馈（Survey）四个方面内容。它是一种针对消费者的全方位服务模式，包括售前服务和售后跟踪服务。

越来越多的经销商选择 4S 专卖店模式为其营销模式。这种模式的优势：得到厂家的支持，客户可以得到索赔，保障配件供应。这种模式促进了供应链合作，优化了购物环境，提升了品牌认知度，被国内多家企业采用。作为一种综合服务包，汽车 4S 店旨在为顾客提供一揽子汽车服务，以满足他们对高质量汽车解决方案的需求。

随着市场的不断发展，用户越来越理性，对产品和服务的要求更个性化，原有的代理销售模式无法满足市场和用户的需求。汽车 4S 店的出现，能够满足用户需求。汽车 4S 能够提供现代化的设备、卫生的维修区、专业化的管理服务、优质的服务设施和及时有效的跟踪服务系统。汽车 4S 店的服务有助于增强消费者对品牌的信任感，促进销售量的增长。汽车 4S 店发展的关键是“解决方案”和“服务”。

国内汽车市场中的几家领军企业，经过多年的激烈竞争，汲取国外汽车公司的成功经验，提出了切实可行的销售服务宗旨和理念。一汽轿车推行的“管家式服务”认为，顾客是“主人”，厂方和销售服务人员是“管家”。在这种服务模式下，“管家”时刻为“主人”着想，力求在事前和事后为客户提供最完善的服务。上海大众开展的“用户满意工程”，强调“卖产品更卖服务”的理念。“一个中心，六个支撑”[①]的理念是一汽大众提出的，它的核心思想是以客户为中心，以市场为导向，在技术、质量、成本、营销服务网络、合作和交流等六个方面获得领先地位和优势。东风雪铁龙秉承“麻烦自己，方便用户”的服务理念，致力于为用户提供优质服务，坚持“用户至上”，做到服务及时 100%、服务彻底 100%、收费合理 100% 三个“百分之百”，以方便用户为己任。

通过观察这些汽车厂商的经营理念不难发现，企业要打造一个优质品牌，除了对技术和质量有严格的要求外，在汽车市场竞争加剧的环境下，将客户放在至高的地位显得越来越重要。在实现四位一体销售和售后服务的模式下，汽车 4S 店的做法，有助于企业更好地接近客户，提供全面服务，因此，这是非常必要的一项措施。

一、汽车 4S 店的优势

（一）信誉度和企业形象

汽车 4S 店借助特许人的汽车品牌和商誉，借助统一的企业识别系统、服务设施、服务标准等资源，可以在汽车营销过程中打造出良好的企业形象，赢得客户的信任，提高企业的竞争力，创造良好的用户购车环境。汽车 4S 店必须遵守特许经营系统的规定，配备一系列人性化设施，如统一服装、宽敞明亮的展示大厅、整齐划一的维修车间、备件存放区。企业还可以增设用户休息室和儿童游乐区等：累了有休息室，渴了有水喝，无聊时可以看杂志、报纸或上网。如果客户急着用车，汽车 4S 店还有备用车供使用，整个流程有专门的服务人员为其打理，从而让客户得到更优质、省心的服务，还可享受由采购分销规模化、广告宣传规模化、技术发展规模化等带来的规模效益。

① 中国第一汽车集团公司档案馆．第一汽车年鉴 [M]．长春：中国第一汽车集团公司档案馆，2004.

（二）品牌忠诚度方面

汽车 4S 店在为消费者提供专业服务的同时，还做到了维持客户品牌忠诚度，体现品牌价值，发挥了汽车品牌文化传播者和执行者的作用，这些都是其他营销模式无法替代的。对于很多试图冲击中高端市场的自主企业而言，品牌形象的塑造是重要的课题，汽车 4S 店就肩负着传达品牌理念和内涵的责任。通过汽车 4S 店的看车、买车、交车、修车等销售服务环节，客户可以体验到品牌带来的关怀，从而增强客户对品牌的忠诚度。

（三）专业方面

汽车 4S 店的专业在于它只服务一个厂家的系列车型，这使它拥有完备的技术支持，配备了最先进的维修和检测设备。从汽车的性能、技术参数到使用、维修等方面，汽车 4S 店的工作人员都有专业知识，他们的服务是“专而精”。汽车 4S 店可为顾客提供纯正的原厂配件，保证产品的生产技术、产品质量、维修质量和使用安全系数，使服务质量和客户维修成本得到双重保障，增加了客户对产品和服务的信赖度。

（四）售后服务保障方面

汽车 4S 店的工作人员一般综合素质高、业务能力强，能为客户提供更专业的销售咨询和售后维修服务。随着竞争力的加大，汽车 4S 店越来越注重服务品牌的建立，再加上其后盾是汽车生产厂家，所以汽车 4S 店在售后服务方面可以得到有力保障，消除客户的后顾之忧。

二、汽车 4S 店存在的问题

（一）对汽车生产厂家的依附性强

汽车 4S 店只可向终端用户销售产品，必须以特许经营者指定的价格销售商品，只能从特许人那里获取供应，不能在特许经营区外销售，特许经营权不可自行转让。在运用特许经营制度、技巧及相关的标识、商标、标牌时，汽车 4S 店要积极捍卫特许人的品牌信誉和商标形象，不得采取有损于特许人商标形象和影响统一经营制度的做法。汽车 4S 店经营风险规避和市场扩展的能力会受到其所代理品牌的限制，导致其对汽车生产厂家的依赖较高。因此，汽车 4S 店的经营状况很大程度上，取决于汽车品牌和制造商的营销策划和广告力度。在当前市场形势下，汽车 4S 店的经营者和投资者处于弱势地位，自主权和主动权较小，自主救市的空间不大。

（二）经营成本过高

汽车 4S 店除了需要投入大量的资金按照汽车生产厂商的要求建造外，每年还要投入大量的经营费用，通过折扣或其他促销措施来吸引客户，并与本地市场上的竞争对手竞争（举办促销活动必然会有成本产生）。如今，汽车销售已步入微利时代，汽车 4S 店高昂的维修保养费用使许多消费者在免费首保之后，转向了价格更加实惠的维修厂进行车辆保养。

（三）缺乏自身的品牌形象

汽车 4S 店作为汽车生产厂商的代理商，店内外的建筑和标志等方面都必须按照汽车生产厂商的要求装饰，展示汽车生产厂商的品牌形象，不是展示汽车 4S 店的品牌形象。汽车生产厂商要求严格，不允许店内外出现与其品牌形象不符合的装饰和展示。汽车 4S 店的经营状况取决于其所经营的品牌质量，如果品牌优秀则盈利可观，如果品牌一般则收益不稳定。此外，汽车 4S 店需要依靠其经营者与汽车生产厂商的关系，如果双方关系良好，那么汽车生产厂商将提供更多的相关资源，汽车 4S 店的获利空间会更大。

（四）难以体现差异化经营

汽车生产厂商为了维护自己的品牌利益，对汽车 4S 店的经营管理模式、业务流程和岗位设置等方面有明确的规定和要求。此外，汽车生产厂商还坚持控制产品价格、促销政策、销售区域和零配件的价格等方面。即使是广告形式，厂商也会过多地干预，这表明汽车 4S 店的经营范围非常局限，经营模式和服务呈现同质化的趋势。

第二节　汽车 4S 店形象塑造与竞争力

一、汽车 4S 店企业形象的塑造

（一）企业形象概述

随着社会经济的发展和市场竞争的日益加剧，现代企业的竞争已经由传统的产品竞争向人才竞争、品牌和企业形象竞争转变。企业形象是企业经营的重要资源，企业文化是企业的灵魂，已成为企业越重要的无形资产。良好的企业形象是汽车 4S 店在激烈的市场竞争中求得生存和发展的关键。在现代社会，商品和企业处于相同的条件下，由消费者来选择，即使商品质量和销售能力优于其他企业也不一定能稳操胜券，因为企业竞争还包括企业形象。

企业形象（corporate image）是指企业综合素质、整体实力和社会表现在公众中所得到的认知和评价。企业形象是由企业的产品质量、工艺设备、科技进步、管理水平、经济实力、员工素质和服务水平等基本素质综合体现出来的，不仅体现在企业的外在表现上。企业形象管理是通过科学、系统、持续不断地沟通和协调，全面提升企业的内在品质、丰富企业形象的内涵，运用科学和艺术相结合的传播手段，将企业的良好形象传递给更多人的一种管理模式。

企业的良好形象是增大其潜在销售额的关键，是其重要的无形资产。企业树立良好的形象，是一项重要事项，将为企业带来巨大的社会效益和经济效益。随着市场经济的不断发展，产品竞争已经不再是唯一的竞争方式，除了产品本身外，企业形象的塑造也越来越重要。一个良好的企业形象不仅能够增强企业的竞争力，还能够帮助企业战胜强劲的竞争对手，推动销售额的上升。

（二）汽车 4S 店企业形象的塑造

企业形象的塑造，称为 CIS（Corporate Identity System），就是企业形象识别系统，是一种战略、方案和手段，通过设计和传播良好的企业形象，帮助特定企业进行形象规划和管理。企业形象塑造的核心在于通过针对特定理念和独特行为活动的策略，简洁、明了地将企业所有的视觉元素进行设计和传播，实现品牌识别体系的一致性、标准性、差异化和个性化，向公众传达企业的管理和文化理念，塑造企业个性，展现企业精神，使公众对企业产生认同感，使企业在公众心目中留下好形象。

1.CIS 的内涵

CIS 是一个整体系统，它由 MIS（Mind Identity System）、BIS（Behavior Identity System）、VIS（Visual Identity System）三个子系统组成。

（1）MIS 系统

MIS 为理念识别系统，即企业在长期的经营实践中形成的独特价值、经营方式，以及生产经营的战略、宗旨、精神等，与其他企业不同。MIS 系统涵盖了企业经营的定位、经营理念、经营方式、创业精神和风险认知等方面。理念识别系统是 CIS 的核心，是企业高层决策的基础和驱动力，是推广 CIS 的主要动力。

（2）BIS 系统

BIS 为行为识别系统，是指一个企业独特的活动与其他企业的活动相区别，包括对内和对外的行为。对内行为管理主要包括干部教育、员工培训、生活福利、工作环境改善、内部设施维护、研究开发和环境保护等领域。外部行动管理的重点在于市场研究、开发产品、开展公关活动、执行车市对策、提供公益性资助和赞助文化活动等，这些行动通过具体的动态形式来展现。

（3）VIS 系统

VIS 为视觉识别系统，是指企业的一系列可视元素在视觉识别的基础上进行系统化表现，确保符合企业形象定位和品牌风格的要求。利用 VIS 系统，企业可以向社会公众表达企业物质设施的形象，如厂房、办公楼、仓库、设备以及企业标志、建筑设计、外观装修、色彩搭配、环境美化和内部装饰风格等方面的形象。企业的形象不仅取决于员工，还涉及产品质量和品牌包装等方面。VIS 系统是一种静态的识别符号，用具体化和视觉化的方式表现，被广泛应用于各种项目中。MIS 系统在 CIS 系统中扮演着控制和管理的角色，BIS 系统担任着数据处理和信息传输的重要职责，VIS 系统是 CIS 系统外在形象的展现。三个子系统相互融合，相互配合，共同形成独特的企业形象。

2. 企业导入 CIS 系统的目的

（1）增强公司的品牌认知

一个企业的知名度直接影响着社会大众和消费者对企业的印象和产品使用的频率。高知名度的企业会获得更多的认可，在市场竞争中获胜。企业实施 CIS 战略旨在增强企业品牌的知名度。

（2）建立良好、正面的企业形象

企业导入 CIS 的目的，不仅是为了建立良好、正面的企业形象，还是为了传达企业的理念、价值、文化和个性，提高企业的知名度、信誉度、竞争力和市场份额。CIS 是一种改善企业形象的经营技法，指企业有意识，有计划地将自己企业的各种特征向社会公众主动地展示与传播，使公众在市场环境中对某一个特定的企业有一个标准化、差别化的印象和认识，以便更好地识别并留下良好的印象。

（3）提升员工的集体意识，加强企业的存在意义，促进内部合作

在一个企业中，员工是企业至关重要的组成部分，是企业活动的主要执行者和行为的实施者，也是企业人力资源的具体体现。CIS 策略致力于引入更为成熟的经营准则和理论，借助精神口号、企业文化、经营方略等手段向外传达企业理念，重点加强对员工理念的塑造。这样，员工就会认识到自己是团队中不可或缺的一分子，从而产生对团队的认同和归属感，使员工更加团结一心。

（4）让公众明确企业的主体性和一致性

CIS 策略利用物质环境、时空环境、信息环境和视觉识别手段，向公众传递企业的特点，提高公众对企业及其产品的认知度和接受度。企业的最终目标是实现利润的最大化，CIS 策略就是为了实现这个目标存在的。无论采用何种竞争策略，企业的最终目标是获得最大的经济效益和社会效益，以确保企业的生存和持续发展。

3.CIS 策划的程序

CIS 策划程序是指企业在进行调查分析后，按照一定的次序和步骤，从执行实施到反馈评估的全过程。该程序主要分为四个阶段：提出提案、调研、开发设计和实施管理。这四个阶段的规划包含了 CIS 策划的主要内容，每个阶段都有独特的职责和工作要点。

4.CIS 策划的基本原则

（1）策略性原则

CIS 策划旨在通过科学调控各种有效资源，全方位推出企业形象系统的新战略，创造企业优势、产品优势和竞争优势。这是一项涵盖多个方面的系统工程。因此，CIS 策略的重要性不仅仅在于设计或名称上的改变，而应该视其为企业成败和经济发展的关键因素。

（2）民族化原则

CIS 策划受经济和文化因素的影响。由于文化有赖于各民族的文化背景，因此，企业要想设计符合民族特色的 CIS 战略，需要对中外不同民族文化进行深入的分析和了解。

（3）个性化原则

CIS 策略的关键在于打造企业独特的个性化形象。企业形象策划是对企业个性的定位。CIS 策略的起点在于定位，通过寻找消费者认知中的空缺，构建个性化的企业形象，这是打造企业形象的第一步。企业应该在理念的构建上形成独特的风格，以鲜明地区分本企业的理念与其他企业的理念。

（4）系统化原则

CIS 系统是一个综合性的企业识别系统工程，将 MIS 系统、BIS 系统和 VIS 系统等整合在一起，构成完整的企业识别系统。企业形象是由内部的三个要素相互作用、有机结合，在外部外化成具有个性特点的形象。换句话说，CIS 系统通过具体、可感的视觉符号，将企业的经营理念和企业文化传达给外部社会，体现出独特的企业形象。CIS 系统也能提升企业内部的凝聚力，增强企业的知名度和认同感。CIS 系统是一个综合性的系统工程，需要将多种专业知识有机地结合在一起。这涉及各类专家和专业人才的协同合作，需要专家与企业决策者密切配合，才能完成这一庞大系统工程，单凭一个专家或一家广告公司、设计公司的力量是远远不够的。

（5）创新性原则

CIS 策划和设计要遵循创新性的原则，呈现出独特、超群、新颖、别致的创意，以展现该系统的新奇性和独特性。成功的 CIS 策划和设计需要与“新”的概念息息相关。只有那些带有新颖想法、独具匠心、富有创意的作品，才能产生深远的影响，引人注目，令人难以忘怀。

（6）可操作性原则

可操作性原则是指企业理念需要具备可操作性，即能够转化为实际操作和行动计划。它是企业经营的意识形态，包括经营宗旨、经营方针和价值观等，应该能够被具体地应用于企业经营管理中，并被员工理解和执行。

CIS 系统的可操作性还体现在企业理念系统需要有行为系统支持。有些企业虽然设立了企业理念，但并未制订具体的行动计划，导致这些企业理念成了空洞的流行口号。CIS 系统的操作性非常强，这意味着它需要内部员工的积极参与和认可，需要通过有效的传播渠道向外界传达企业文化、经营理念和活动，以争取更广泛的社会认可。如果无法在公众中建立良好的形象，企业的 CIS 战略就难以成功。

二、汽车 4S 店企业竞争力的提升措施

随着汽车 4S 店面的普及，各品牌间的汽车 4S 店竞争逐渐激烈。近年来，西方有些汽车 4S 店业绩大幅下滑，有的已经承受不起昂贵的店面维持费用。如果不能提高自身的竞争优势，固守“坐商”模式，因循守旧，不在发展中求变，那么实力弱小的汽车 4S 店必将面临入不敷出的局面，最终落得被其他汽车 4S 店或者汽车制造厂商低价收购的下场。汽车 4S 店提升竞争力已迫在眉睫。

（一）模式异化

国外汽车 4S 店的发展已经进入衰退期。我国的汽车 4S 店市场尚未成熟，但是，在目前的市场竞争中，已经形成了一种具有中国特色的模式。在营销领域，没有一种固定的准则适用于所有情况。因此，汽车 4S 店选择适合自己的模式，将常规的模式转化为适当的方式非常关键。

1.4S ＋ 2S 模式

在这种模式中，要在某一地区建立一家汽车 4S 店，首先应该根据该地区市场的容量和分布情况，建立提供整车销售和维修服务功能的汽车 2S 店，以覆盖

更广泛的小区域或下属区域。如果一个汽车 2S 店所在的地区有足够多的客户和潜在市场，那么这个汽车 2S 店便有可能升级成为汽车 4S 店。中国幅员辽阔，给汽车 4S 店的市场覆盖带来了难度。对于消费者而言，4S+2S 模式能够方便他们在附近购买和维修汽车。对于制造商而言，汽车 2S 店可以快速拓展企业市场覆盖范围、提高品牌形象和知名度，促进汽车 4S 店通过售后维修服务加速成本回收。

2. 汽车超市内设卖点＋汽车 4S 店

在中国，汽车超市是汽车 4S 店最强有力的竞争对手，这是因为汽车超市不仅内设卖点，还拥有大型的汽车销售场所。消费者可以在汽车大卖场的平台上找到多个品牌的汽车。这个地方提供了同一价位内各品牌汽车的比较选购，消费者在此也能享受到包括保险、证件办理和上牌等全方位的服务。因此，汽车超市的受欢迎程度已经超越了汽车 4S 店。为了增加销售额，汽车 4S 店开始在汽车超市内设立展位，以超市外的 4S 店作为支持，将在超市出售的汽车算入销售总量。这种商业模式的灵活性很高，汽车 4S 店如果在本地店面区域销售不佳，则可以利用汽车超市的物流渠道将车辆销售至其他地区，这可以在一定程度上扩大市场的覆盖范围。

3. “汽车大道”上的汽车 4S 店

由汽车 4S 店组成的商业街一般被称为“汽车大道”，这种经营模式已经流行多年。汽车大道聚集了多家汽车 4S 店，方便消费者在同一地点比较不同品牌的车型，突破了单一品牌汽车 4S 店存在的限制。相较于传统的集贸式汽车交易市场和零散的汽车 4S 店，汽车大道的两个显著特点是：一是提供了与传统市场类似的看车、选车功能，消费者可以一站式浏览各个品牌的店铺，而零散的汽车 4S 店则无法提供这样的服务；二是为消费者提供定制化的品牌服务，这种服务在传统汽车市场中是不存在的，具有吸引力。

（二）行销制胜

2008 年的世界金融危机，导致整个西方国家车市如遇寒冬，中国汽车市场也突然增幅下降，各大名牌车型价格相继跳水，但消费市场仍反应平平。人们的消费观念发生了改变，其消费欲望被拉低，消费降级成了一个不争的事实。不少人把视线投向了二手车市场。而且，目前的汽车销售渠道越来越多，汽车 4S 店不再是消费者买车的唯一渠道。不少传统汽车厂商开始采用直营模式，不少汽车零售商从厂家或者其他渠道进的商品车，同配置的车型价格可以比汽车 4S 店低不少，分走了汽车 4S 店的客流。

需要摒弃传统的“坐商”理念，采用更适合的“行商”模式，这样才能更好地运营。汽车 4S 店将售前服务的重要性提升至与售后服务相同的地位，提供贴心的售前服务，为消费者带来便利，打动消费者的心，即使暂时未能促成购买，也能够形成良好的声誉，继而挖掘到更多的潜在消费者。

许多人认为，汽车 4S 店的竞争力在于其提供的服务质量。因此，许多汽车 4S 店只密切关注售后服务，认为售后服务可以为其带来经济收益。这种狭隘的视角忽略了服务的其他方面。实际上，售前服务的重要性不容忽视，对于提升汽车 4S 店的竞争力同样具有关键作用。相较于售后服务仅在消费者购车后才得以体验，售前服务更为重要。

（三）建立门户网站

在新媒体兴起前，汽车消费者主要通过报纸、杂志和电视了解汽车信息，汽车生产厂家的品牌推广主要依赖于这些传统媒体，取得了不错的成效。随着时代的变迁，互联网的作用日益突显。对于企业来说，建立与客户之间实时、互动、全面、客观的交互平台至关重要，因为这可以为企业带来更多机会。互联网将成为一种主要的竞争策略。

互联网让消费者能够轻松地获取心仪汽车的信息、广告、价格和 4S 店所提供的全方位服务，可以就车辆性能进行咨询，这些都有助于推动消费者购买意向的形成。购车后，消费者可以利用互联网学习如何正确进行汽车保养和维护，掌握汽车常见故障的预防方法，了解汽车 4S 店的维修服务费用等信息。这些措施有助于维持消费者的满意度和忠诚度。利用网站调查问卷，汽车 4S 店能够获得消费者需求的信息，对消费者的满意度进行评估。通过在论坛上讨论汽车，可以有效地将相关信息传达给目标客户群，实现广告效应。除此之外，引入“网上订车功能”，为汽车 4S 店的汽车销售开辟了新的渠道。企业可以根据客户对某种产品反映的意见汇总，对自己的产品系列作出必要的调整。

（四）转换经营重心

汽车服务行业的成熟，将会给汽车 4S 店的盈利模式带来冲击。汽车 4S 店要注重售后服务的质量，提升客户售后服务的满意度，目的是牢牢树立客户对品牌的信任和忠诚，维护品牌在服务市场的地位。

实际上，汽车 4S 店应该更注重说服消费者定期进行汽车保养，而不仅仅是维修汽车，将经营的重心转移到售后服务领域。汽车保养会给汽车 4S 店带来更为可观的利润。汽车 4S 店需要引导客户，帮助他们养成正确的汽车保养习惯，以便拓展市场。

（五）把控零部件质量和控制成本

在中国汽车售后服务市场上，特别是在配件修理和更换方面，主要的商品是“进口产品”，包括合资企业生产的“国产品”和“仿制品”。零配件“仿制品”的价格和费用较低，不仅会对修车质量和企业信誉造成严重影响，还可能对社会造成巨大危害。因此，在考虑产品质量时，生产制造商不仅要考虑产品的耐久性、废品率等是否符合企业的要求，还要了解供应商是否具备设计和生产产品的经验和资质，而批发零售商需要调查其是否有提供相类似产品的经验，供应商是否态度积极等因素。在价格和费用方面，来自不同渠道的汽车零配件具有很大的价格差异。进口和国产零配件有时会相差数倍，甚至数十倍。因此，在采购前，采购人员应该提前调查市场价格，不应仅仅听从供应商的说法，以免被误导。当找不到相同商品的市场价格时，采购人员可以参考类似商品的市场价格。

（六）规范服务标准

现阶段，汽车市场涌现出了众多品牌和型号，售后服务的种类非常多，导致汽车售后服务的方式各异，服务质量无法保证。为了规范汽车售后服务行业的活动，世界各国的汽车生产商和消费大国通常采用两种方式：一是制定国家强制性汽车售后服务标准，二是由该国行业协会出台汽车售后服务行业的行业规则。许多有实力的汽车售后服务企业会遵循国际 ISO 标准，建立一套服务量化考核标准，通过逐步提升汽车 4S 店的服务水平，达到吸引消费者的目的。从汽车售后服务的趋势来看，严格执行服务标准的企业将会逐渐壮大，服务不规范的企业会逐渐退出服务市场。

（七）提高服务人员的整体素质

汽车 4S 店要实现有效经营，需要汽车产品的质量有保障，依赖优秀的人才对产品进行管理和运营。在汽车 4S 店中，汽车销售和售后服务非常重要。随着时间的推移，销售行业中的杰出人才对销售业务的重要作用越来越凸显。他们的专业技能和亲和力成为汽车 4S 店品牌形象不可分割的一部分。随着科技的不断进步，汽车科技在不断发展，各个汽车 4S 店配备了多种先进的诊断设备和工具。汽车 4S 店应该通过系统性、全面性地培训服务人员的专业技能，有效提高汽车服务工作人员的整体素质。

（八）打造专有品牌

许多汽车 4S 店并没有打造自己的品牌，而认为自己只是代理厂商的品牌，厂商的品牌是它们的品牌。事实上，消费者内心深处会有一套评价标准。例如，在同一个区域内，同一品牌的汽车 4S 店，如果服务做得好，消费者会愿意将更多的维修交给这家店，为店铺带来相当可观的增益。如果想要获取更大的市场，就必须建立品牌，因为这个市场的大小是固定的。

（九）实行 CRM

CRM（Customer Relationship Management）即客户关系管理，是一项综合的信息技术，是一种新的运作模式，源于“以客户为中心”的新型商业模式。

自从上海通用导入 CRM 后，通过客户信息系统管理客户信息、提高服务水准的模式就在汽车行业蔓延开来。最初 CRM 的作用是在实行汽车召回时有详细的客户资料可用，后来变为信息反馈。汽车制造商 CRM 的对象，包括个体消费者和各个汽车 4S 店，汽车 4S 店实行 CRM 面向消费者即可。

汽车 4S 店 CRM 的作用表现在以下几个方面：

1. 获取顾客信息

汽车 4S 店借助 CRM，可以收集到很多潜在消费者的资料，如通过填写问卷、赠送礼品、开办汽车会员俱乐部等方式来增加潜在消费者的数量。通过对这些消费者信息的分析，挖掘最有购买潜力的消费者，利用提供试驾、寄送汽车资料、优惠购车承诺等途径，将潜在消费者转化为正式消费者。

2. 跟踪目标顾客

很多消费者最后购车的店并不是他们原来咨询的店，这可能是由于店面太多，他们记不得在哪里咨询过。实施CRM可以帮助汽车4S店在搜集到客户信息后，对客户进行分类管理，向不同层次的客户提供不同档次的产品信息，最终促成购买行为。

3. 进行订单管理和顾客信息存储

汽车4S店可以通过CRM系统进行订单管理和顾客信息存储，能够提高交付过程效率，降低成本。

4. 建立档案

汽车4S通过使用CRM系统，可以建立客户档案，以追踪维护、维修和更换配件的历史记录，以便推行客户忠诚度计划，减少客户更换汽车维修服务提供商的风险，协助汽车销售企业确保其整体利润来源。

5. 调查数据

CRM可以帮助汽车4S店建立满意度调查问卷，对数据进行自动统计．帮助汽车4S店对客户再销售进行挖掘，大大降低营销成本。近两年，电话回访、客户免费服务电话等服务方式正在快速发展，一些知名汽车品牌为自己品牌的汽车4S店制定了相应的规范化制度和执行标准。目前，很多汽车4S店还是将眼光放在整车销售上，从根本上忽视了信息反馈这一重要的“S”，其销售模式制约着店面的发展。

第三节　汽车4S店服务战略

汽车生产厂是“厂家”，在制造“产品”；汽车4S店是商家，从事商业贸易和服务活动，服务的重点是帮助客户买车，帮助厂家卖车。汽车4S店在客户买车和厂家卖车的中间起的作用，是提供了双方买卖交易的地点和服务。汽车4S店可控制是自己的服务模式和品牌。

汽车服务市场按汽车买卖交易过程可以划分为三个阶段：售前服务阶段、售中服务阶段和售后服务阶段，强调“售前服务”，并不排斥“售中服务”和“售后服务”，它们同样重要。汽车的“售前服务”是一项以挖掘源头为目标的“引水”工作。汽车“售中服务”是一项“开渠”工作，只有确保销售渠道畅通，销售才能事半功倍，达到最佳效果。汽车的“售后服务”是一项终端服务，能帮助汽车 4S 店建立“细水长流”的客户服务体系。

针对汽车使用来说，一旦开始使用就需要持续的服务支持。售后服务所提供的额外价值，是产品所具有的最大的附加价值，对品牌价值的贡献最大，在市场竞争中也越来越重要。随着汽车行业的竞争加剧和产品同质化程度的加重，汽车生产厂商越来越重视服务的作用，通过经济服务化的趋势来提高品牌忠诚度和获取优势。

服务战略的主要目标是通过提供一系列服务来增进客户关系，其核心是如何将服务与产品融合。提升服务可以更好地满足市场差异化需求，增加产品的附加值，加强与顾客的关系，使竞争对手无法与之匹敌。

一、汽车 4S 店售前服务：开源

（一）汽车售前服务的重要性

随着中国汽车工业走向成熟，汽车生产厂商的服务意识在不断加强，售后服务受到的重视程度与以往相比有了显著提高，售前服务却不尽如人意。

对于汽车销售服务，很多人马上会联想到售后服务，对汽车售前服务或许还会感到陌生。尽管国内一些汽车生产厂商已经开始了售前服务工作，但是，它们的表现并不一致，大多数汽车生产厂商的售前服务缺乏连贯性。售前服务仅介绍汽车的基本情况，或者向消费者提供试乘试驾服务。

一位业内人士认为，只有微笑服务是远远不够的，对于 90% 以上的初次购车者来说，专业的售前服务对于购车者会起到拨云见日的作用，他们很需要这方面的帮助，实施起来也很容易，不需要投入太多的人力、物力，只需要汽车生产厂商将对汽车 4S 店的培训扩展到消费者这个领域中来。

近两年的车市竞争愈发激烈，但竞争手段单一，除降价、优惠和推出新车型外没有新的招数，这些招数的功效较以往已大打折扣，如何竞争成为众多汽车生产厂商亟待解决的问题。售前服务作为销售的一个环节，往往被汽车生产厂商忽视了。目前，车型众多，消费者早已挑花眼了，不知选什么车型好。如何让消费者注意、认识、了解和选择自己的品牌，这都需要该品牌的售前服务的支持。售前服务的效果虽然会需要很长一段时间才能显现出来，但它却培育着潜在的消费群体。

价格的主导地位还要维持很长一段时间，但是，品牌在销售方面的影响力正在增加。汽车厂商能够在销售前为消费者介绍车型的特色、驾驶技巧、需要注意的问题和如何应对特殊情况，以及倾听消费者的意见，消费者会感到厂商非常关注他们并会对他们负责，无疑会提升该品牌与消费者之间的亲密度，有助于汽车销售。

同样，在售前服务中，消费者会提出各种各样的问题，包括对这款车型的看法、意见、建议，同时汽车生产厂商也能了解到消费者对其他新型车的看法，这些一手资料对于汽车生产厂商把握市场动向、了解消费者的消费心态尤为重要。在售后服务中，也会产生信息反馈，但这些反馈对消费者来说已经没有任何意义，如果能在售前就注意到这些问题，则可能多争取一些消费者，使消费者满意。

（二）汽车 4S 店售前服务的主要内容方式

1. 汽车 4S 店的品牌塑造和推广

售前服务是指企业在与消费者尚未建立购买关系的阶段提供的服务。售前服务旨在帮助消费者深入了解企业所生产的产品，提供关于产品质量、性能、操作方法、适用对象等方面的详尽信息，引导消费者通过客观、详尽的了解，对企业及其产品形成深刻、良好的认知，使消费者能够作出正确的购买决策。因此，售前服务的重要性在于，十分关注企业及产品的形象，采取多种方式推广企业和品牌，以确立企业的形象。这样，消费者对于企业提供的产品和服务会产生浓厚的兴趣，使消费者建立起对企业的信任和支持，实现市场的拓展。售前服务的创新需要营销者深入了解和满足消费者的需求，引导和刺激需求，甚至开发新产品以满足消费者的需求，提供优质的服务。在销售前期，营销者需要采取更积极、主动的服务策略，从被动的需求适应转变为主动接纳和创造需求。

品牌塑造和推广可以让汽车潜在购买者认识、了解汽车 4S 店的公司、产品、服务，在消费者一旦想要购买汽车时，该品牌会成为其首选对象。

3. 汽车 4S 店的体验营销和服务

当人们感觉自己的需求得到满足时，会产生一种对事物的态度和情感反应，这种感受被称为体验。在当今时代，人们更关注消费时所获得的体验。购物时，顾客关注的是满足基本的实际需求和心灵心理上的需求，如获取内心的愉悦、获得平静的心态、享受温暖的情感和受到尊重等。汽车消费者通过体验营销服务来体验公司的产品质量、性能、功能，体验公司服务的水平标准与承诺，体验公司的品牌形象和实力。

二、汽车 4S 店售中服务："一条龙"服务

（一）汽车 4S 店售中服务的重要性

在购买产品时，消费者不只关注产品的品质，还关注服务的态度、企业的信誉等方面。因此，售中服务还需通过展示产品的构造、性能、质量标准和使用注意事项等方面，使消费者更深入了解产品。服务营销策略的定位至关重要，需要寻找创新的服务营销方式，以吸引客户，扩大销售量并占领市场。企业可以加强对新产品的服务宣传，比如通过广告、新闻发布、有奖问答和咨询活动等多种方式，提高宣传力度，丰富服务内容，突出企业服务优势，让新产品更受关注，创造好的销售氛围。汽车 4S 店的营销人员应以微笑和极高的热情迎接每一位客户，了解他们的需求，向他们诚恳介绍产品，关注他们的情感和心理需求，为他们提供好的咨询服务，以便客户深入了解并掌握新产品的特点和使用方法。通过这样的方法，可以引起客户对新产品的关注，激发购买欲望，并迅速作出购买决策，成为企业真正的"忠实客户"。汽车 4S 店以"客户至上"的服务理念为基础，始终把客户的需求放在第一位。在销售产品的过程中，营销人员应当为客户提供全方位服务，让购买流程便捷、高效，节省时间。营销人员应该根据情况为客户提供适当的优惠，让客户感觉到被尊重和重视，得到客户的信任。这种服务能够让客户获得一种宾至如归的感觉，为客户营造优越的购物体验。

（二）汽车 4S 店售中服务的主要内容

1. 汽车车型产品的资讯和咨询

汽车 4S 店的营销人员向汽车购买客户提供详细的车型信息，包括各车型的性能比较、适合客户的车型推荐和购车后可获得的优质服务等。在购车过程中，营销人员需要留意的要点包括：可能会遇到的问题、需要及时向客户提供的汽车相关信息、涉及促销和试乘试驾的信息等。

汽车车型咨询是指营销人员为客户提供汽车的相关信息，根据客户情况提供专业建议，让客户选到最合适的车型。

汽车车型产品的咨询服务，能显示汽车 4S 店的专业，得到客户的信赖和支持，有利于品牌形象的塑造，形成良好的口碑。汽车 4S 店可以开发大量客户，把潜在客户变成直接购买客户。

2. 汽车 4S 店服务的资讯咨询

汽车 4S 店服务资讯主要是介绍汽车 4S 店的基本情况、服务的模式内容信息和特定汽车车型品牌的服务内容信息。汽车 4S 店服务咨询主要是针对公司服务内容、车型品牌特定服务内容等建议汽车消费者选择的服务项目。汽车 4S 店提供的服务项目分免费和收费，购车者对有些服务项目是感兴趣的，对有些服务项目是不感兴趣的。

汽车 4S 店服务的资讯咨询是把汽车 4S 店的实力、品牌、服务内容项目、价值增值服务、行业地位、信誉度等告诉汽车购买者，目的是让汽车购买者买着称心、修着放心、用着欢心、觉着舒心。

3. 汽车金融服务——消费信贷

在全球汽车销售量中，大部分销售是通过贷款融资来实现，在不同的国家和地区，比例有所不同。

汽车金融服务的覆盖面很广泛，涵盖了整个汽车销售及消费链，为汽车制造商提供销售服务、市场信息整合和销售策略规划等支持，为汽车 4S 店提供存货融资、设备融资、财务咨询和培训等多项服务，为消费者提供车辆购买贷款、批售和租赁融资、维修融资、保险等多种业务服务。汽车金融服务机构的优点在于其专注于汽车金融服务，业务范围广泛，具备丰富的专业产品和服务经验和条件。

汽车金融服务的主要目的并非盈利，而是推动母公司汽车产品的销售。

汽车是一种非常复杂的产品，其购买和使用过程需要涵盖多种专业服务，包括咨询销售、合同签署、手续办理、配件供应、修理保养、保修服务、索赔处理、购车贷款和对无法继续使用的旧车处置等。银行推行的汽车消费信贷需要与厂家或商家合作开展。如果设立一个专门的汽车金融服务机构，这些问题就可以得到很好的解决。

4. 汽车 4S 店“一条龙”服务

汽车 4S 店“一条龙”服务是指汽车 4S 店提供购车、汽车消费信贷、代办保险、免费上牌等一站式服务。

原本购车在汽车 4S 店办理，消费信贷在汽车 4S 店或信贷机构办理，保险在保险公司办理，车牌在车管所上牌，使得消费者在购买一辆汽车时要在不同的地点、单位来回奔波，劳神劳力费，由汽车 4S 店提供购车过程中的“一条龙”服务可以免去汽车购买者的奔波，从进店到出店就能开上属于自己的汽车，省时省力，深受消费者欢迎。

5. 汽车使用——保养——维修服务的资讯咨询

销售一辆车不是业务的结束，更是客户与汽车 4S 店、厂家协作关系的开始，汽车 4S 店要把汽车卖出去，要教会客户如何使用、保养和维修汽车。汽车 4S 店还必须提供特定汽车车型品牌的使用—保养—维修服务的资讯咨询，防患于未然。

三、汽车 4S 店售后服务

（一）汽车 4S 店售后服务的重要性

汽车 4S 店的主要盈利点不在于汽车销售，而在于提供维修服务。一个优秀的汽车 4S 店应该通过提供卓越的服务来获得利润。客户在购买汽车前可能没有意识到服务的重要性，但是，一旦拥有了汽车，就会体会到服务的必要性。尽管汽车带来了便利，但也伴随着各种麻烦。汽车拥有者希望享受汽车带来的便利，避免汽车所带来的烦恼，因此，他们要求汽车 4S 店提供除汽车本身以外的服务，实现汽车的全生命周期服务。

汽车一经使用，便意味着需要长期的售后服务。售后服务是产品的巨大附加值，更是品牌价值的集中体现。在竞争激烈的市场上，售后服务的重要性日益凸显，好的售后服务可以直接影响产品销量和品牌形象，影响力将不断扩大。消费者对于汽车首要关注的是服务和质量，价格排在其次。

当汽车 4S 店面临困境时，就不得不承受亏损来维持售后服务的正常运转。相比于卖车，汽车的售后服务需要更长的周期，具体事务更加复杂。汽车 4S 店还需要应对各种不同要求和不同层次的客户，这对于将售后服务视为“救命稻草”的汽车 4S 店的所有者来说，是一个考验他们耐力的磨难。

（二）汽车 4S 店售后服务的主要内容

汽车售后市场服务涉及从整车到废弃物的整个生命周期，覆盖汽车运营、维护、修理和保养等各个环节。汽车“后市场”是指围绕消费者在购买汽车后所需的各种服务形成的市场。大体上，汽车后市场是指与汽车销售及车主使用有关的企业集合。

汽车 4S 店的售后服务主要提供给已购买汽车的用户，解决他们在使用过程中遇到的问题和提供服务。就整个售后服务行业来说，汽车售后服务的领域十分广泛，包括汽车电子配件、汽车维修与保养、汽车装饰用品、汽车改装、二手车交易、物流运输、金融服务、汽车出租和租赁、汽车俱乐部、汽车检测、车辆认证、车载导航、停车场管理和加油站等多个方面。汽车 4S 店不可能提供 100% 的全方位售后服务，只能根据客户的需求意向，根据整车厂的要求和自己的资金、实力、能力和盈利，来考虑自己售后服务的范围和盈利，形成具有特色的服务模式。

1. 二手车交易服务

随着大众生活水平的提高及消费观念、消费方式随之转变，消费需求变得多层次化，人们多样化的汽车消费需求必将大规模出现，这就为二手车交易提供了广阔的市场。现今，越来越少的车主选择将新买的车使用到报废，更多的新车所有者打算使用一段时间后就将汽车转手，再购买一款新车。这样做在无意中增加了旧机动车市场的资源供给量，降低了汽车的价格水平，实质上推动了二手汽车的交易，促进了二手车市场的繁荣。

2. 汽车维修养护服务

汽车具备科技含量高、技术复杂、使用环境多变和容易遭受意外损坏等特点，所以，汽车维修成本在使用成本中占比远高于一般商品的维修成本，在客观上需要相应的维修服务来修复汽车受损的功能。在行驶一段时间后，汽车需要进行多项保养，包括定期检查、调整、紧固各系统和部件、更换润滑油和清洗等，以确保车辆在高速运行中各系统和部件的安全性、可靠性和稳定性，保障乘客的安全。现在汽车售后服务的趋势是从维修修理向车辆定期保养转变，强调为客户提供技术培训和技术咨询。

连锁快修在售后市场上具有极强的竞争力。快修店正在向越来越多的私家车车主灌输“汽车养护胜于修理”的服务理念，以此不断扩大自己的市场份额。

3. 汽车配件供应服务

在汽车保养维修中，汽车零部件的销售供应服务是主要内容之一，汽车 4S 店本来就包括汽车配件供应。汽车经销专卖店一般提供的都是汽车原装的零部件，汽车零部件的质量绝对有保障，但是，汽车零部件的价格过高，这样必然会流失一部分消费者。“物美价廉、物有所值、物超所值”是汽车 4S 店拉回消费者的有效手段。

4. 汽车装饰装潢服务

随着汽车成为普及的交通工具，与之相关的汽车内外装饰、防盗装置、车内附件、保养配件、车载通信类产品以及改装业务等都将迎来繁荣发展。

据相关人员所述，汽车在重工业产品中堪称最有艺术感的产品，它的外形、内部设计和颜色均能够反映出设计者、生产者和消费者的个性特征、品位和爱好，以及他们对美的理解和追求。购买汽车后，许多消费者会投入大量资金，根据个人偏好进行汽车改装或购买车内饰品进行装饰。

5. 汽车俱乐部服务

汽车俱乐部可以分为多种类型，如品牌俱乐部、车迷俱乐部、越野俱乐部、维修俱乐部、救援俱乐部等。汽车俱乐部提供了一个平台，让有相同兴趣爱好的车迷聚集一起，在这里相互学习、交流技艺、互相帮助，极大地增强了会员个人的生活体验。近年来，我国国内的汽车俱乐部呈现蓬勃发展的态势。尽管不同的消费者选择了不同的汽车品牌和汽车型号，但某一特定车型或品牌仍然会吸引一批共同选择它的车主。

6. 汽车文化生活服务

汽车文化服务主要涉及汽车模型、汽车体育、汽车文艺、汽车知识、汽车报刊、汽车书籍、汽车影视等方面的内容，为车迷、汽车业内人士及其他关注汽车产业发展的人们提供精神上的服务。普通大众、新闻媒体、赛车队、生产厂家，在各个方面对汽车文化事业产生了前所未有的关注，中国的汽车消费者开始真正从实物型消费转向文化型消费，逐渐崛起的汽车文化理念正在带动国内一大批相关行业的发展。汽车生活主要是为汽车车主提供汽车郊游、汽车交友、汽车野营、汽车生活等服务。汽车服务不再局限于为消费者提供方便，而是在传统意义上加入快乐消费、安全消费和文化消费等内容。车主买的不仅仅是交通工具，还是一种可以无限延伸的生活，让汽车成为办公室、家庭、宾馆之后的第四个工作和生活场所。

第二章　汽车 4S 店人力资源管理

汽车 4S 店人力资源管理的根本任务就是在企业内部实施各种有关制度，有利于充分发挥员工的才干，圆满实现企业的经营目标。本章的主要内容为汽车 4S 店人力资源管理，分别阐述汽车 4S 店人员招聘与培训、汽车 4S 店绩效与薪酬。

第一节　汽车 4S 店人员招聘与培训

随着近几年我国汽车贸易活动的活跃和各品牌汽车销售活动的竞争日益激烈化，汽车销售和服务企业经营管理的重要性越来越明显，直接关系到企业的兴衰成败。为了确保生存和发展，汽车 4S 店必须提供适销对路的服务，而提供服务的关键因素之一是有效地利用人力资源。汽车 4S 店最重要且成本最高的资源之一是人力资源。因此，对人力资源的有效开发和利用，是汽车 4S 店不断提升竞争力，保持竞争优势的必要条件。

企业的生存和发展必须依靠高质量的人力资源，招聘是为了确保企业发展所必需的高质量人力资源而进行的一项重要工作。通过招聘被录用的员工，在进入企业工作前要经过培训。企业录用人员的基本原则是因事择人，知事识人；任人唯贤，知人善用；用人不疑，疑人不用；严爱相济，指导帮助。有计划、系统地对全体员工进行培养和训练，提高其知识水平、技能水平等，使其适应并胜任其职位工作，这在整个人力资源管理中至关重要。

一、人力资源管理的基本理论

（一）人力资源管理的含义

1. 资源和人力资源的含义

在经济学领域，资源是指用于生产物质财富的所有要素，如自然资源、资本资源、信息资源和人力资源等。通常认为，人力资源是最重要的一种资源。人力资源是促进国民经济和社会发展的人的总体资源，包括能够从事智力和体力工作的人员。

2. 人力资源管理的含义

人力资源管理是一种现代科学方法，用于合理配置人力资源，通过培训和调整，保持物力和人力资源平衡的最佳状态。企业需要正确引导、管理和协调员工的思想、心理和行为，发挥他们的主观能动性，使他们能够充分发挥潜力，更好地实现企业的发展目标。人力资源管理是指通过各种企业管理策略、实践和制度安排来影响员工的行为、态度和绩效，以实现企业的管理任务和总体目标。企业的人力资源管理主要目标是“吸引、保留、激励、开发”企业需要的人力资源。

（二）汽车 4S 店人力资源管理的主要职能

人力资源管理活动的理论形成和发展可分为四个阶段。

1. 第一阶段（1930 年以前）

当时大机器生产已经是社会生产的主要方式，如何管理好大机器生产企业中的人，如何提高大机器生产的效率，成为这一时期人力资源管理研究的中心问题。当时出现了从工作管理角度和从企业角度进行研究的两个代表人物——泰勒和法约尔。泰勒的研究形成了工作管理制度：一是对企业中的一些基本生产过程，要完成的工作动作和时间进行一系列研究，通过大量的试验确定一项工作所需要的时间，同时研究工人的操作和工具设备，找到最合理的方法，作为合理工作量，即生产定额；二是为制定好的生产定额挑选并培训合格的工人，按规定的科学动作从事生产；三是实行“差别付酬制”，按不同的单价来计算工人的工资，刺激工人的积极性；四是实行管理与执行的明确分工，明确各自的工作范围和职责，提高管理工作效率和生产操作效率。法约尔提出了分工与协作、权利与责任要互相适应、命令要统一、指挥要统一、集权分权要恰当、生产经营要有秩序、要注重纪律、企业层次要严整等 14 条原则。他强调，在企业里要建立一种高效非个人化的行政级别式的企业结构，经过科学的设计形成一定的层级关系，每一个岗位权责分明，一切按规章制度办事。这一时期的人力资源管理理论开始在员工管理方面发挥积极的作用。

2. 第二阶段（1930—1960 年）

随着企业劳资矛盾的加深，工人开始反对劳动定额，公开与管理部门对抗，人力资源管理成为处理劳资关系的工具。随着企业规模的扩张，人力资源管理不断地开拓其业务领域和研究范围，包括薪酬管理、基本培训和产业关系咨询等，但仍停留在企业管理的战术层次，未能得到企业管理层的高度重视。

3. 第三阶段（1960—1980 年）

随着科学技术的迅猛发展，企业管理者开始意识到，经济的高速健康发展并非大量实物资本投资的结果，而是与技术、人才的有效运用密切相关。在工作中，员工的能动性对于工作效率和质量具有至关重要的作用，不能将员工看作机器或工具，也不能视其为被动接受管理的对象。因此，企业需要建立一套系统的方法和制度，包括从吸引、留住、尊重到用好员工。这一时期人力资源管理在企业管理中的地位已变得不可替代。

4. 第四阶段（1980 年以后）

20 世纪 80 年代，出现了战略性人力资源管理理论，将人力资源管理和企业战略规划有机地结合起来，以提高企业的绩效为目标，关注核心员工的留存和合理利用，通过增强他们的归属感，引导他们提升工作业绩。管理的目标已经从单一目标转变为实现企业和员工共同利益的双重目标。人力资源管理成为企业的关键职能。在这种企业架构中，人力资源管理部门与其他职能部门紧密合作，帮助企业达成其战略目标。人力资源管理经历了一个从关注“物”的、强调“硬性”的管理模式，逐渐转向关注“人”的、注重“软性”的管理模式，并逐步进化为具有开发性质的管理模式，这是人力资源管理逐步向科学化发展的历程。

在我国，企业长期以来，把管理人的部门叫作人事劳动部门，现在有的企业已经改称其为人力资源开发部，但在功能方面和角色扮演上这一部分无显著的改变。人力资源管理不是简单的名词置换，而是从思想、理论到方法都有根本的变化。传统的人事管理将人视为一种成本，将人作为一个工具，注重的是投人、使用和控制，而现代人力资源管理把人作为一种资源，注重投入、开发和产出，是把员工作为一种资源，系统化地去保护、引导、开发。从人力资源管理的发展阶段来看，目前，我国大多数汽车 4S 店的人力资源管理，都处于从传统的人事管理到现代战略性的人力资源管理的过渡阶段。传统的人事管理和现代人力资源管理的区别，如表 2-1-1 所示。

表 2-1-1　传统的人事管理与现代人力资源管理的区别

区别	传统人事管理	现代人力资源管理
管理概念	把人看作成本，人是经济人	把人看作资源，人是社会人
管理重心	强调以工作为核心，员工应该服从安排，注重人要适应工作	强调以人为核心，寻求人与工作相互适应的结合点
部门地位	属于企业行政管理部门，是执行性的部门	属于战略管理范畴，参与经营决策，是决策性的部门
管理模式	是被动性反应，对员工是操作性管理，谋求对人的控制	是主动性开发，对员工是策略式管理，谋求员工潜能的发挥
着眼点	着眼于当前的事情、对员工的招聘和培训	谋求企业长远发展，在一定时期内，设定投入和产出最佳匹配值的方式和方法，着眼于未来
系统性	就事论事，缺乏系统性	人力资源的开发和管理是一套完整系统
职能	员工的档案管理、工资发放等事务性工作	人力资源规划、人才的招聘与培训、员工的考核、激励等

对汽车 4S 店的经营状况来说，人力资源管理工作的作用至关重要。人力资源管理工作能够在有利的情况下推动经营状况的发展，但也存在可能带来不利影响的风险。主要是由人力资源政策、体制设计和实施等多种因素的协同作用所决定的。

汽车 4S 店的人力资源管理职能主要包括如下几个方面：

①人力资源配置（包括规划、招聘、选拔、录用、调配、晋升、降职和转岗等）。

②绩效考核。

③薪酬体系建立和完善（包括工资、奖金、福利等）。

④制度建设（包括汽车 4S 店的企业设计、工作分析、员工关系、员工参与、人事行政等）。

⑤培训与开发（包括技能培训、潜能培训、职业生涯规划管理、汽车 4S 店企业学习等）。

（三）汽车 4S 店人力资源管理的内容

人力资源管理活动的具体内容包括：制订人力资源计划、进行工作分析、招募筛选员工、实施员工培训、管理员工绩效、管理员工薪酬、实施员工激励、协助员工设计职业生涯、提供人员保护及社会保障、管理劳动关系和劳动合同、建设企业文化并加强团队凝聚力、对人力资源管理系统进行评估并改进生产力等。

在我国，由于长期以来对行业的偏见，淡化了对汽车销售和服务企业人员的管理，面对市场巨大的需求，形成了巨大的人才缺口。现代汽车销售和服务企业是在复杂且竞争激烈的市场中提供服务的，经济活动越来越复杂，汽车产品的高新技术含量越来越高，销售人员和服务人员要熟练掌握市场经营手段，提高服务水平，增强企业的核心竞争力，就必须拥有优秀人才、合理使用人才、科学管理人才、有效开发人才，只有这样才能促进汽车销售和服务，实现企业经营目标。

1. 选择人

选择人是指企业如何识别员工需求，吸引合适人才加入企业，包括人力资源规划、职位分析、招聘、筛选和委派等环节。一家企业进行人力资源规划后，会确认招聘职位、部门、数量、截止日期和类型等要素。企业应进行工作分析，以确定空缺职位的工作性质、工作内容，和胜任该工作的员工所需的条件、资格，然后开展招聘工作。

招聘是通过各种信息传播渠道，把可能成为和希望成为企业员工的人吸引到企业应聘，实现员工个人与岗位的匹配，就是人与事的匹配。企业通过使用合适的方法和手段，根据用人标准和条件，审查、筛选并雇佣应聘者，这个过程被称为选拔。委派是将招聘和选拔来的员工安排到特定职位上，负责特定职责的过程。对于人才来源，要有一个正确的观念，在对企业需求和工作进行分析的基础上，招聘具有一定技能的人到企业空缺的岗位上。汽车销售和服务人员最好是选择在专业院校接受过专业培训和高等教育的人才。管理人员必须具有相当的市场营销、企业经营管理、汽车专业等知识和实践经验。

2. 培育人

为新招聘的员工提供一定时间的教育，如介绍企业发展现状和远景，引导员工了解企业的经营理念和价值观等，以便让他们尽快熟知企业的环境和情况。

对现有员工进行持续不断的培训和教育，以不断提高他们的业务水平和经营理念。

3. 使用人

企业应该充分利用人才的特长，使人才在岗位上发挥最佳水平。企业要最大化人才的优势。企业必须持续执行员工素质评估和绩效考评规定，根据员工的品德、知识、技能、能力，作出客观、公正的评定。对表现优异、技能出众的员工进行奖励和晋升；对表现不佳、工作素质差的员工需要采用适当的降职、惩罚、解雇等手段。

4. 激励人

企业要通过制定各项成果评价指标，全面评估员工的素质、行为和工作成果，进一步提高员工的工作效率和绩效表现。依据评估结果，企业要为员工提供符合其职业需求的薪资和奖金，提高员工的满意度和工作动力，实现薪酬体系的激励作用。

在现代人力资源管理中，确定工资实施方案，是汽车销售和服务企业最重要的一件事。长期以来，汽车销售和服务企业中的业务人员、技术工人的工资没有统一的标准，基本处于无序和随意状态，随意性很大，这也是汽车 4S 店员工频繁流动的重要原因之一。不合理的工资制度无法调动员工的积极性，只要有企业出更高的价钱，汽车销售业务人员和技术工人就会毫不犹豫地往“高”处流动。大部分汽车销售和服务企业在管理中罚得多、奖得少，虽然员工出现问题应该处罚，但被罚者心里却不舒服。因此，在汽车销售和服务企业中，薪酬管理的基本原则是根据员工的工作表现给予其适当的奖励，这是大多数企业用来激励员工的最主要的手段之一。由于资金有限，企业管理者应具备有效调动员工积极性的重要素质。

二、人员招聘

（一）人员招聘决策

人员招聘决策是指企业的最高管理层，对重要工作岗位的招聘，以及大量其他工作岗位的招聘所进行的计划、组织和抉择的过程。临时性的或个别不太重要的工作岗位，不需要经过企业高层决策。

1. 企业招聘决策的主要内容

①哪种岗位需要招聘员工，招聘数量是多少，每个岗位的具体要求有哪些。

②何时发布招聘信息，通过何种渠道发布招聘信息。

③哪个部门负责进行招聘测试。

④编制招聘预算。

⑤制订招聘工作时间计划。

⑥新招聘的员工到岗时间。

汽车 4S 店在作出招聘决策后，应迅速发布招聘信息，向可能应聘的群体传递汽车 4S 店将要招聘的信息，这项工作直接关系到招聘的质量。

发布信息的原则是范围广、及时和分层。范围广，是指使更多的人接收到该信息，并提出工作申请，使提高招聘到合适员工的可能性；及时，是指招聘信息应尽早发布，汽车 4S 店以便缩短招聘进程，有利于更多的人获得信息，增加应聘人数；分层，是指根据招聘岗位的特点，向特定层次的人员发布招聘信息，提高信息效率。许多因素会影响汽车 4S 店的招聘周期。填补不同工作岗位的空缺需要的时间，会因岗位不同有所差异。汽车 4S 店人力资源计划的质量会影响招聘周期。职位空缺的持续时间，不仅反映了招聘人才的难度，也反映了汽车 4S 店在招聘和筛选过程中的效率。

2. 招聘决策应遵循的原则

（1）公平竞争原则

公平是最基本的原则，只有公平竞争，才能吸引人才，要考虑性别、群体、学历之间的公平性。要做到公平性竞争，企业要本着“直接选，越级聘”的原则，即选聘某一岗位人员，选择权归这个岗位的直接上级，聘用权归其上级的上级。这样做的目的主要是建立用人方面相互制约的机制，做到合理化、科学化，给竞聘者提供公平竞争的机会。

（2）少而精原则

经济发展的不同时期，人力资源供给的情况有所差异，对企业来说，创造效益是第一目标。因此，招聘来的人员要发挥其作用，可招也可不招时尽量不招，可少招也可多招时尽量少招。

（3）宁缺毋滥原则

如果没有合适的人选，那么一个岗位宁可暂时空缺，也不要让不适合的人员占位。岗位的暂时空缺还可以在汽车 4S 店内部形成竞争。当然，人员空缺的时间不能太长。

（二）人员招聘应考虑的因素

汽车 4S 店在招聘时要考虑增加的收益能够满足新增员工的工资和福利。对于大多数汽车 4S 店来说，劳动力报酬是数额不小的固定支出。员工招聘具体要考虑如下几个方面：

1. 明确需要

无论是从长期还是短期考虑，招聘的员工对汽车 4S 店会有很大帮助，而不是可有可无的。坚持少而精，宁缺毋滥是招聘工作的基本原则。

2. 职位空缺

当有人辞职或到其他岗位时，汽车 4S 店需要把人员补充上来。这时，汽车 4S 店的管理者第一步应该考虑空缺的工作分摊给其他员工是否可行，第二步再考虑招聘员工。

3. 人才储备

一些关键岗位应有人才储备，否则一旦关键岗位的人员离职，对汽车 4S 店的打击就将是致命的，这称为未雨绸缪。

4. 长期发展计划

如果汽车 4S 店有长期的发展计划，那么就应该提前进行人才规划，避免临时抱佛脚。

5. 季节性因素

汽车 4S 店的业务受季节性因素的影响比较突出。例如，每年春节后的两个月是机修淡季，但钣金喷漆的业务仍旧很多；夏季是空调维修旺季。在淡季时可能有人离职，这时汽车 4S 店可以考虑缓一缓，等到旺季来临前再招人。

（三）招聘过程中应注意的问题

1. 合理选择招聘人员

在汽车 4S 店招聘时，应聘者最先接触到的是招聘组成员，而不是汽车 4S 店。当对汽车 4S 店的信息了解很少时，应聘者通常会根据招聘活动中汽车 4S 店招聘组成员的表现来猜测其他方面的情况，如工作效率、工作风格等。因此，对于汽车 4S 店来说，挑选招聘组成员是一项至关重要的人力资源管理决策。

招聘组成员应包括人力资源部门的员工，以及应聘者即将加入的团队的成员。应聘者会视招聘团队为汽车 4S 店的代表，从中推断出该店的特点。因而，招聘组成员应该具有友善、专业和高效的特质，以此来增加应聘者的求职意愿。从研究结果看，如果招聘人员仪表端庄、知识渊博、工作效率高等，则直接影响应聘者对汽车 4S 店的印象。

2. 招聘筛选金字塔

理想录用过程的一个重要特征是：被录用的人数相对于最初申请者的人数少得多。这种大浪淘沙式的录用可以保证汽车 4S 店录用到能力比较强的员工。招聘筛选金字塔可以帮助汽车 4S 店确定，为招聘一定数量的员工需要吸引该工作岗位申请人的数量。

汽车 4S 店有两种不同的策略用以确定应聘者的工作申请资格。为了确保招聘到最优秀的员工，汽车 4S 店可能会采用一种策略，即设定高门槛的申请资格，以减少应聘者数量。另一种策略是减少申请条件，这样符合资格的候选人的数量就会大幅增加。在这种情况下，汽车 4S 店可以更自由地选择员工，因此招聘成本也会相对减少。如果汽车 4S 店拟招聘的工作岗位对汽车 4S 店而言至关重要，员工质量是第一位的选择，那么就采取第一种策略。如果劳动力市场供给紧缺，汽车 4S 店缺乏足够的招聘预算，招聘岗位并非对于汽车 4S 店至关重要，则采用第二种策略。

3. 开展真实的工作预览

针对汽车 4S 店紧急需求人才的情况，在招聘过程中，汽车 4S 店通常会采取多种方式来吸引有意向的求职者。汽车 4S 店在积极招募外部人才加盟时必须谨记，不能忽视新员工与原有员工之间的公平问题。汽车 4S 店在招聘时，只展示自己美好的一面是不行的，还向应聘者展示自己的不足，帮助应聘者全面了解自己的真实情况。汽车 4S 店应从以下五个方面，准备实际工作预览的内容：

（1）真实性

应客观、真实地反映未来的工作情景，否则会使应聘者产生落差，失去对汽车 4S 店的信任。

（2）全面性

汽车 4S 店应该对员工的晋升机会、工作过程中的监控程度和各个部门的情况逐一介绍。

（3）可信性

所反映的预览内容与实际的吻合度高，使应聘者感到符合情理。

（4）详细性

汽车 4S 店不应该只给出一些宽泛的信息，如工资待遇政策和公司的总体特征等，还应该对日常的工作环境等细节问题也进行详细的介绍。

（5）突出重点

在开展真实工作预览时，应聘者不应将公开渠道，如宣传材料、报刊等所提供的信息作为主要参考。真实工作预览应该涵盖对应聘者至关重要、却很难从其他渠道获取的信息。

由此形成的真实工作预览具有以下优点：

①通过呈现真实的工作场景，应聘者可先自我辨别确定自己是否符合汽车 4S 店的招聘要求。这有助于汽车 4S 店初步筛选适合该岗位的应聘者。应聘者还能更加明确自己想要申请哪些职位和不想申请哪些职位，有效避免频繁更换工作。

②通过真实的工作预览，应聘者可以了解在该汽车 4S 店中能得到什么经验、机会和不能得到什么。这样，他们一旦应聘成功，就更有可能长期留下。

③真实的未来工作情景能够帮助应聘者提前做好心理准备，使他们在工作中遇到困难时能够勇敢面对，积极寻找解决问题的方法，而不是回避困难。

④汽车 4S 店同应聘者展示未来的工作环境，能够体现汽车 4S 店的真诚和可信度，从而让应聘者感到信任和认同。

（四）人员招聘的程序

汽车 4S 店招聘程序有四个阶段，即招聘、选拔、录用、评估。人员招聘是招聘的首要环节，目的是吸引更多的应聘者，从而使汽车 4S 店有更多的选择人才的机会，避免因应聘者少而降低录用标准，从而提高招聘质量，减少企业和个人的损失。

招聘的主要程序包括：制订与审批招聘计划、发布招聘信息、应聘者提出申请、初审并发出面试通知等过程。

1. 制订与审批招聘计划

汽车 4S 店的用人部门根据业务发展情况，提出需要招聘岗位的名称、人员基本要求，人力资源管理部门根据人力资源的供给和需求，结合工作分析等活动形成的结果，制订招聘计划。制订该计划的目的是使招聘工作更科学、更合理。招聘计划通常由用人部门制订并提出，经人力资源管理部门对人员需求量、费用等项目进行严格复核，签署意见后上报总经理或主管的副总经理审批。

2. 发布招聘信息

招聘信息中应注明招聘的岗位、数量、对于应聘者的要求等信息。根据实际情况，汽车 4S 店有针对性地选择信息发布的时间、方式、渠道和范围等。

3. 应聘者提出申请

应聘者提出申请可以以信函的形式，也可以直接填写申请表。

4. 初审并发出面试通知

汽车 4S 店的人力资源部门审查求职表，将一些明显不符合条件的人员筛选掉。初审主要是对应聘者的求职目的、工资要求、所申请的职位与其学历、工作经验、技能、成果等个人信息进行审查，对达到要求者，由人力资源部门发出选拔（笔试或面试）通知。

5. 笔试或面试

经过初审的人要经过笔试或面试考核后，才能进入公司。笔试主要测试应聘者的基本技能，此种方法也可以反映应聘者的基本水平。

面试是常见的一种考核方式。由面试官和应聘者面对面交谈，客观地了解应聘者的知识水平、工作经验、求职动机、个人素养、沟通和应变能力等情况。

（1）面试的作用

面试又称为面试测评或专家面试，是一种衡量被试者心理素质和潜在能力的评估方法，要求被试者以口头形式回答主试者的问题。企业常常使用面试方式来招聘新员工，其效果取决于面试过程是否得当。面试的基础是面对面交流口头信息，效果取决于面试者的经验水平。

选拔面试被汽车 4S 店广泛采用，是其常用的筛选人才的方式之一。主试者可以根据候选人的面部表情、仪表和紧张程度等方面，来判断候选人的态度和智力，进行主观评价。面试已被证明是一种有效的招聘筛选方式。面试者能否最好地发挥自己的优势，主要取决于面试者的素养和能力。

面试作用主要体现在以下几个方面：可以了解应聘者综合运用知识、技巧的能力，给应聘者提供了解工作信息的机会，为主试者提供机会观察应聘者，帮助主试者了解被试者的非语言行为，帮助主试者观察被试者的生理特点，帮助主试者了解被试者其他方面的信息。

（2）面试步骤

①对应聘者的资格、背景进行审查和筛选。这个程序的作用是为后续程序提供支持，通过快速确定不符合条件的，从应聘者信息库中将其剔除，帮助机动性甄选系统更高效地运作。

②确定面试考官、选择面试方法。考官由人力资源管理部门主管、用人岗位

主管和独立评选人组成。在组织面试过程中，根据特定情况采用面试方法，可多种选择。

设计评价量表和面试问话提纲。在面试中，根据岗位要求和应聘者情况，制定评价标准和提问方案，这是对每个应聘者进行评估的过程，可以确保评价标准具有针对性，更好地评估每个应聘者。

③面试场所的布置与环境控制。在面试时要选择合适的场所，不恰当的面试场所会影响面试效果。

面试过程的实施。在面试过程中，它依靠面试官运用巧妙的面试技巧，有效地掌控面试的实际实施。面试的执行质量直接关系到人员招募和录用的水平。

④对面试结果进行分析和评价。该阶段着重评估应聘者在面试时的表现，根据表现作出综合评价，为录用决策提供参考。

⑤反馈。反馈有两种途径：由人力资源管理部门将人员录用结果反馈到企业的上级和用人部门，逐一将面试结果通知应聘者本人。

⑥最后还需要注意将面试资料存档备案。

6. 试用

经过筛选留下的人成为试用新人。新聘用的人员需有一定周期的试用，签订试用合同。试用期满由汽车 4S 店确定试用者的去留。

7. 录用、签订劳动合同

试用期满后，经汽车 4S 店认同留下来的员工与用人企业签订正式的劳动合同。完成了招聘工作。

（五）人员招聘的形式

企业中的人员招聘可以有多种形式，分为内聘和外聘两种，以下主要介绍外聘形式：

1. 广告招聘

广告是外部招聘常用于补充各种工作岗位的方法，主要通过报纸、刊物、网站等渠道发布人才需求信息，达到招聘目的，是目前应用最普遍的招聘形式。

招聘广告吸引了实际应聘者和潜在的求职者，以及企业的客户和广大公众。

因此，广告的品质直接关乎企业的形象，企业要高度重视并认真实施广告招聘。广告可以在企业中充当吸引工具，具备多种优势。

①使得工作职位的空缺信息能够迅速发布，并在短时间内告知公众。

②与其他吸引消费者的方式相比，广告渠道具有更为经济、实惠的特点。

③广告可一并发布多项职位类型的招募信息。

④企业可以通过广告发布方式，保留自己在操作上的多种优势，如要求应聘者在指定时间内到企业面试，或通过电话、邮件等方式，向企业的人力资源部提交自己的简历和期望薪资等信息。

当使用招聘广告时，企业需要考虑媒体选择的重要性。选择适合的广告媒体，取决于所招聘工作职位的性质。广告在构建时需要引起目标受众的注意，激发他们的兴趣，引发他们的欲望和行动。成功的招聘广告应能吸引读者的眼球，激发他们的兴趣，引起他们应聘的想法，促使他们采取实际应聘行动。

企业可以在外部招聘市场上使用招聘广告招聘新员工，也可以在内部使用招聘广告招聘现有员工。企业通过招聘宣传向有能力的员工传达岗位信息，以便潜在应聘者能够比较工作岗位的需求与自身资格和兴趣的匹配程度。此外，宣传还应该唤起优秀求职者的热情，鼓励他们前来应聘。

2. 学校招聘

学校是专业人员和技术人员的重要来源。每年，有几百万的毕业生走出校门，进入社会。

当企业设计校园招聘活动时，需要考虑两方面因素：一是选择适合的高校，二是如何吸引到有潜力的应聘者。企业在挑选学校时，必须考虑自己的财务预算和所需员工的种类，这样才能作出明确的决策。在财务预算紧张的情况下，企业可能会限制招聘范围，只在当地的学校招聘人才。通常情况下，具备雄厚实力的企业会在全国范围内招聘。

（1）企业选择学校时需要考虑的因素

①学校在企业相关技术领域的学术实力。

②学校的毕业生是否具备符合企业技术要求的能力。

③学校之前的毕业生在本公司展现出的业绩。

④学校师资在企业关键技术领域的水平。

⑤学校毕业生实际报到数量与录用数量的比例。

⑥学生的素质。

⑦学校所处的地理位置。

（2）企业组织学校招聘活动应注意的事项

为吸引应聘者，使最好的应聘者加入自己的公司，企业需要精心组织学校招聘活动。

①应该挑选能力较强的员工参与学校的招聘工作，因为面对应聘者时，招聘者代表着公司形象。

②及时回复应聘者非常重要，如果回复不及时，则可能会给应聘者留下不好的印象。

③应届大学毕业生通常认为自己的能力比公司现有员工更强，因此，他们期望公司的政策能够遵循公平、诚实和关爱他人的原则。

目前，一些管理规范的汽车 4S 店为了做好这项工作，确定了一定数量的重点学校，委派高水平人员与学校教师和毕业生就业指导工作部门保持密切的联系，使学校方面及时了解公司存在的空缺和最相关要求。有不少公司为学生提供利用假期来公司实习的机会，这可以使学生对公司的实际工作、生活有切实的体会，也使公司评价学生的潜质。我国学校招聘最常用的方法是一年一次或两次的人才供需洽谈会，供需双方直接见面，进行双向选择。企业也可以通过劳务市场、职业介绍机构、猎头公司、信息网络招聘、员工推荐等方式进行招聘。

三、员工培训

（一）汽车 4S 店员工培训的目的

员工培训工作是企业持续发展的重要保证，是企业管理的重要补充。汽车 4S 店强化员工培训，一方面要建立有效的培训体系，通过培训向员工传递汽车 4S 店的核心理念、企业文化、品牌意识和企业运作标准要求，改善员工的工作态度、专业素养和能力，提升汽车 4S 店的竞争实力，达成企业的战略目标；另一方面，将员工的个人发展目标与汽车 4S 店的战略目标融合，满足员工的自我发展需求，激励他们投入工作，挖掘他们潜力，增强汽车 4S 店的凝聚力。

（二）汽车 4S 店员工培训的意义

企业对员工进行培训是一种投资行为，是一种成本的支出，培训员工可提高员工素质，增强企业的竞争力。汽车 4S 店的内部员工培训机制是保证人才稳定和推动企业发展的必备步骤和推动力。企业内部人力资本的供给是限制企业成长的关键因素之一，因为他们的企业能够扩张的速度在很大程度上取决于管理人员的培养速度。以下是员工培训的具体意义：

1. 培训是提高员工素质和增强企业竞争力的根本途径之一

在知识经济时代，一个重要的趋势是新知识、新工艺、新技术、新产品层出不穷，市场瞬息万变，需要不断更新。汽车维修业需要与现代化工业生产步伐相协调，不断提升从业人员的素质，满足维修作业和企业管理方面的要求，适应工作岗位发展的新要求。

2. 培训是提高劳动生产率和工作效率的重要途径

培训可以提高企业生产效率，减少工作时间和人力成本，降低推销和材料浪费成本，避免制造不良产品，有效降低生产成本。通过培训，从业员工可以不断学习新知识，及时跟进最新的发展动态，促进科技创新和知识积累。接受更高水平的教育培训，可以提高任务完成的效率，促进革新和发明创造的产生。

3. 培训会为企业带来巨大的经济效益

现代经济发展的实践证明，教育和培训是生产力的重要组成部分，成为发展生产的重要因素。

加强从业人员的技术业务培训是企业培养人才的重要途径之一，是提高企业生产效率，取得最佳经济效益和有计划培养劳动后备力量的重要措施。在培训中，要坚持以市场经济为导向与企业需求相结合的原则，统一安排。要不断研究市场经济发展的规律，了解企业的需求和发展趋势，培养实用性强的人才。要因人而异地管理不同对象，根据他们的需求提出个性化的要求，采用多样化的培训方式。

（三）有效的员工培训体系特征

培训体系是否有效的判断标准，是该培训体系能够增加企业的竞争力，实现企业的战略目标。因此，有效的员工培训体系应当具备以下特征：

1. 以汽车 4S 店的战略为导向

在汽车 4S 店中，员工培训体系要根据总体战略方针和人力资源管理要求精心设计。为了确保企业可持续发展，需要制定一个与人力资源的发展战略相结合的高效培训体系，这需要根据企业的战略规划来量身定制。

2. 注重汽车 4S 店的核心需求

充分挖掘汽车 4S 店的核心需求，基于企业的战略发展目标，预测人力资源需求，提前储备和培养人才，是培训体系所努力的方向。

3. 多层次、全方位

员工培训的有效性取决于全面考虑员工教育的独特性，实现多层次、全方位的培训，针对不同课程内容，采用相应的培训技术，考虑个体条件采用多样化的培训方式和制订因人而异的培训计划。为了实现培训效益最大化，企业需要建立多元化的培训体系，采用多种渠道实现员工全员参与，让所有人共享培训成果。企业还需要确保培训方法和内容的恰当性，满足所有被培训员工的需求。

4. 充分满足员工的自我发展需要

为了满足员工多样化的需求，以及其追求自我发展和实现最高层次的需求，企业应给予员工充分的支持和关注。这就要求企业为员工提供教育培训并满足个人成长的需求。培训的目的是为企业的发展战略提供支持，也要关注员工个人职业生涯，促进员工的职业素养与企业经营战略的协调发展。这种机制将员工的职业发展与企业发展紧密联系在一起，帮助企业实现战略目标，为员工提供明确的职业发展方向，为员工参加相应层次的培训提供机会，提高员工的个人能力和实现员工的个人成就。随着人才市场竞争日益激烈，员工逐渐认识到：只有不断提升自身技能和能力，才能在社会立足。

（四）汽车 4S 店的员工培训

培训是企业人力资源开发的一项重要活动，涉及企业效益和成本人力资源管理的基本问题，所以，企业要进行精心设计与组织培训，把它视为一项系统工程，通过系统方法，使培训活动与企业目标保持一致，提高员工的个人能力、改善员工的工作绩效（包括个人绩效、企业绩效）和提升企业的竞争力。一是进行培训需求预测。通过预测确定培训需求，做到有的放矢，不做无用功。二是制定培训目标。为培训计划的制订指明方向。三是制订培训计划。使培训目标具体化、可操作。四是就是培训实施过程。根据企业的规模、能力，合理地选择培训形式和技术方法开展培训。五是进行培训评价。通过对受训者培训前后工作绩效的对比，分析评估培训计划的实施效果，将培训评估结果反馈到确定需求上，以调整培训目标。

1. 培训计划

制订培训计划是培训管理的第一步，是培训目标和内容的具体体现，使培训工作具有可操作性。企业在制订培训计划时，应该充分考虑培训需求和“以人为本”的思想，把整个培训实施过程涉及的所有问题和解决的时间、方法等都进行系统考虑和安排。4S 店培训计划应该包括：培训资源及设施要求、培训课程及实施计划、培训预算等，在制订计划过程中，还要进行自下而上、自上而下的讨论，最终形成企业与个人利益相结合的培训计划。

2. 培训机构

可以为汽车 4S 店提供培训的机构包括两类：一类是外部机构，另一类是本企业。外部培训可由专业机构、高等教育机构和跨企业间的合作等方式实现。内部培训机构可以是专业的培训实体，也可以企业的人力资源部。

3. 培训方式和方法

汽车 4S 店的培训方式分为在岗培训和岗前培训两种。在岗培训方法涵盖了工作教育、工作轮换、工作实习和工作指派等多种形式，这些形式对提高员工的理念、人际交往和专业技能都有很好的促进作用。岗前培训是指在专门的培训环境中，员工获取完成工作所需的必要知识、技能和态度。有多种方法可以用来培训汽车 4S 店的员工，下面是几种常见的方法：

（1）讲授法

讲授法是面向全体培训人员，没有针对性单向沟通的培训方法，特点是比较简单，容易操作，成本较低；缺点是员工容易感到单调疲惫。由于讲授法面对的是整体，所以员工的具体问题难以得到解决，学到的东西也容易忘记。

（2）案例法

案例法属于能力层次的培训。案例法三种形式：一是由培训讲师介绍案例背景，受训员工分组讨论；二是讲师给出案例的不完全信息，在讨论过程中，让受训员工主动向教师寻求更多的信息，锻炼学员在决策时对决策信息进行判断；三是由学员提前准备积极的案例，拿到培训课堂去讨论解决。案例法的特点是培训费用低，反馈效果好。

（3）讨论法

企业在培训时常用的讨论法有三种，即集体讨论、小组讨论和对立讨论。该方法适合于对有一定知识和经验的员工进行培训，其特点是员工的参与性强，在讨论过程中，能够让学员丰富知识，开阔眼界，集思广益，提升员工的分析、判断和解决实际问题的能力。讨论法属于信息的多向传递沟通，费用较高。

（4）角色扮演法

在角色扮演培训过程中，培训教师设置一定的工作情境，由一些员工在其中扮演不同的角色，其他员工分成小组讨论。每组代表在陈述本组的观点意见后，由教师点评。该方法可以反复使用、指导表演，直到员工完全掌握了培训所要求的技能为止，其特点是信息传递多向，反馈效果好，实践性强，多用于处理人际关系能力的训练。

（5）游戏法

游戏法比较生动，容易引起员工的兴趣。在实际操作中，要注意的是，培训教师选择的游戏要与培训的内容联系起来，保证通过游戏让学员领会培训所要训练的内容，而非为了游戏而游戏。

（6）自学法

人力资源部门可以根据培训内容的难易程度和性质，让员工以自学的方式进行自我培训。该方法的不足是监督性较差，员工全凭自我管理和自我控制能力来掌握所要培训的内容。企业有必要组织适当的活动，检查员工的自学进度和成果，如要求员工汇报自学内容、写心得体会报告、做抽样调查等，以保证员工能够保质保量完成自学任务。

4. 培训的内容

员工培训可以分为三种类型，包括岗前培训、日常工作中的培训和根据需要进行的定向培训。在开始工作前，员工需要接受一系列的培训。这些培训主要分为两部分，一是关于职业道德和公司规章制度的培训，二是关于具体工作流程和职责的培训。根据员工的角色、职位和水平的不同，可以定制不同的培训计划进行日常培训。针对汽车 4S 店员工的需要，定向培训可将有前途的员工送到专业学校或同行业的优秀企业培训，或者参加行业管理部门组织的培训课程。汽车 4S 店对员工的具体培训内容按不同岗位有所不同，主要根据岗位能力要求进行重点培养和训练，具体如下：

（1）对销售人员的培训

①销售业务对人员的要求。

第一，心理调节方面：建立乐观的生活态度，抵制悲观、消极的情绪。对事业持久、坚定不移的信念是销售人员的精神支撑。对于那些擅长调适的销售人员来说，适时地改变工作内容，保持精力充沛是非常重要的，重复的工作也不会显得乏味枯燥。自我激励是非常重要的，自励能够让人们更积极地投入工作中，帮助人们达成目标实现自己的理想。建立一些有效的原则帮助销售人员更好地驱动自己。

第二，言谈举止方面：在言谈和举止上表现出高度的适应性，能够作出明智的判断。销售人员如果有优秀的记忆力，就能记住人的长相；掌握众多领域的知识，富有幽默感且具备敏锐的洞察力和独特的视角；举止优雅，品格高尚；行为风格吸引人，充满了坚定的力量；以严谨的态度和有礼的举止表现自己，给人留下好的印象；灵活机智适应不同情况；言语谨慎、口才流畅，具有吸引力。

②销售人员的训练内容。

第一，职业道德。汽车是昂贵的消费品，包含许多复杂的问题。如果客户对车型或行情不了解，他们就会苛刻挑剔。由于售后服务的制度，销售人员必须随时待命效劳，使销售流程变得烦琐。销售人员必须具备一定的职业精神和良好的职业道德。

第二，专业知识培训。销售人员应该了解汽车内部机械的构造和保养技巧，以及不同竞争车型的市场情况。销售人员应该对汽车的知识有广泛的了解，需要深入研究，以满足不同客户的需求和兴趣爱好。销售人员不能炫耀自己的知识水平，应以友善的态度和彬彬有礼的行为面对客户。

第三，态度亲切有礼。大部分客户不介意支付更高的价格，但非常关注销售人员的服务。因此，销售人员必须进行服务态度培训。

第四，具有敏锐的观察力。每项交易金额都相当高，且交易流程耗费大量时间，因此，销售人员需要正确地认识客户，以便全程追踪有购买能力的客户。

第五，身体和礼仪训练。培养身体和礼仪的训练方法有：树立健康的理念，经常让自己放松，养成微笑的习惯，不用让人紧张的语言，每天至少放松一次，保持运动量，限量进食，确保充足的睡眠。

第六，销售语言训练。销售语言是一项高超的口语技能，需要深入学习和不断实践。

一是说话的目的不是传达信息。无论客户是否购买，销售人员都需要认真、礼貌地对待。就算销售人员和客户已有深厚的交情，或是至交好友，销售人员也应该谨记这项规则。在接待所有客户时，销售人员要保持热情和友好的态度，当与他人交谈时，要表现出真诚和热情；当需要回答一些肯定的问题时，务必表现出满满的诚意，使用“是”的回答方式。如果听到令人愉悦的回答，那么对方必然会感到满意。销售人员要做到言之有物、言之有趣，对行内人可称“行家”，对非行内人可称“权威”。

二是在表达时须倾听。销售人员倾听对方的长篇大论并保持耐心，是一种赢得对方好感的有效方式。当对方长篇大论讲述时，可以使用“原来如此”或“嗯，我懂了”等词语作为回答。当与客户交谈时，销售人员要与客户保持目光接触，倾听对方的话语。

三是夸奖的技巧。赞美是一种美德，销售人员要避免说口是心非的话语。真诚的赞美会让人欣喜。每个人都希望优点得到别人的认可，这是人自尊心的体现。在客户面前，销售人员可以用合适的措辞夸赞客户的外表、身材、个性、品德和爱好等。

四是避免使用晦涩难懂的措辞。当与客户交流时，除使用专业术语外，销售人员通常要用易懂的词汇，以表达出恰当的意思，并与客户建立友好的关系。销售人员使用当地方言也能产生出乎意料的效果。

五是表达方式的选择。在与他人交谈前，销售人员应充分准备，思考如何表达自己的意思。在交流时，销售人员应谨慎选择用词，避免言辞过激，伤害他人情感。

六是必须克服语病。如果销售人员说话无啰唆、没条理或口齿不清，就要彻底纠正。

（2）对维修人员的培训

维修工人的级别划分为初级、中级、高级和学徒工四个层次。

①初级工。初级工培训的课程包括：汽车结构的基本原理、汽车维修所需的能力要求、常见原材料和零部件分类、通用工具使用和保养、维修过程中的安全操作规范等。培训能够使受训者胜任一级车辆维护工作，满足普通工人技能水平的要求。

②中级工。中级工要在初级工培训考核合格的基础上，进一步深入学习汽车结构原理、汽车性能和故障排除技巧等内容。中级工还需了解零部件的配合要求，熟悉常用车型的技术参数，以及掌握汽车维修的质量要求和维修所用原材料的规格、性能特点。中级工需要掌握常用标准件的鉴别方法，熟练掌握维修专用工具的使用和保管方法，以及使用常见机械工具的正确操作方法。中级工还需了解安全生产规程，掌握金属加工某个工种的操作技能，如车、铣、刨、磨、焊等。经过中级工的培训，受训者能够提升技能水平，熟练地进行汽车二级维护和一般小修，在工程技术人员的指导下，负责某一汽车总成的大修工作。

③高级工。在通过中级工培训获得合格证书后，经过一段时间实践锻炼后，可以进行更高层次的技术培训。该培训内容主要包括：常见汽车型号的构造原理、技术使用及维修要求、汽车故障的预防及原因分析、公差及技术测量等方面的知识；也包括：汽车零部件质量鉴定、维修质量检验、汽车维修所用原材料的质量及性能鉴定等方面的知识。高级工还需要学习维修使用的专用工具、卡具、器具的正确使用和保管，以及维修加工机具的操作和维护等方面的知识。高级工还要具备绘制简单零件图和阅读较复杂装配图的能力，能指导他人从事维修和金属加工等工作。高级工还需要了解维修流程，以及与定额相关的考核和计算方面的内容。通过培训，受训者能够提高高级工在汽车大修工作和一般汽车零件制造、配制方面的技能，从而成为企业维修方面的技术中坚力量。

④学徒工。学徒工的培训计划，要秉持全面发展的原则，以适应性教育内容为主导，辅以操作技能的培训。当学徒工参加生产劳动时，必须有老工人担任师傅角色，双方签署师徒合同，实现全面带教。

汽修业发展到今天，可以利用高新技术设备进行检测诊断维修。汽车修理是对实践经验要求非常高的行业。尽管计算机控制在汽车上的应用越来越多，该汽车的故障率仍很高，可靠性低，机械部分的故障占全部故障的 98% 以上，所以，目前汽车维修还是以维修人员的经验为主，尤其在对故障的判断方面。因而，新入行员工学习有实践经验员工的经验非常必要。初入企业、接受过中高级专业教育学习的员工被称为学徒工。学徒工的定义已经与过去不同了。学徒必须通过考核取得合格结果，才能晋升为正式员工。努力学习、成绩优秀、已掌握了本工作所需技能的学徒工可以提前获得转正资格。

（3）对管理人员的培训

①企业领导人员。企业管理层应当专注于学习企业管理、政策法规、市场趋势、发展方向，以及其他先进企业的管理实践等方面知识。企业可以安排员工去其他企业参观考察，培养能够理解政治、经济、管理和经营知识，能够依据经济规律进行工作的专业人士。

②企业管理人员。企业应按人事、秘书、财会、统计、物资等不同的专业，有计划、有目标地组织培训，使员工可以胜任本职工作，为企业管理提出好的改进意见，成为企业的好管家、领导的好助手、好参谋。

③企业的工程技术人员。工程技术人员承担了企业引进和应用新技术、新设备、新材料和新工艺的任务，负责解决生产中出现的问题，改善经营管理。他们在企业发展中扮演着至关重要的角色。因此，企业应注重对他们进行再教育，尤其要关注质量管理人员和检验人员的培训。首要任务是加强理论技术教育，让所有人在接下来的两三年内，提升技术水平一级。对未经过相关专业教育的人员，企业需要系统地进行本专业的中专、大专课程理论教育。企业要为质检人员提供培训，使他们及时掌握新的工艺、标准、车型和检测设备的运用，确保员工能够熟练运用并灵活应对。

在员工培训内容中，必须加入对于员工态度的培训。员工工作态度是影响员工士气和企业绩效的重要因素。每家企业都有特定的文化氛围及与之相适应的行为方式，如价值观、企业精神、企业风貌等。企业要使全体员工认同并自觉融入这一氛围中，建立起企业与员工之间的相互信任关系，培养员工对企业的忠诚度及积极的工作态度，增强员工的企业观念和团队意识。

第二节 汽车 4S 店的绩效与薪酬

绩效考评是一种针对员工的评价机制，通过系统性的方法和原则，来测评员工在工作岗位上的工作表现和绩效水平。在汽车 4S 店的人力资源管理中，绩效考评至关重要，是企业管理的有效工具之一。企业的目标是通过绩效管理提升每位员工的工作效率，实现企业核心竞争力目标。绩效考评是企业管理者与员工之间的一种重要的管理交流方式，考评的结果直接关系员工的薪酬福利、奖励和职务晋升等方面。企业可以通过评估员工的工作绩效，获取反馈信息，以便制定适当的人事决策和措施，提高企业效率。

一、绩效、绩效考评与绩效管理

（一）绩效

绩效是由员工的工作形式衡量的，反映了员工的工作成果和履行职责的情况。绩效是衡量员工对企业的贡献或员工为企业创造的价值。员工的工作表现、行为和成果经过考核认可后被视为工作绩效。绩效是指任务在数量、质量和效率等多方面的完成表现。绩效是指领导和同事对该员工工作表现的评价。绩效具有如下特点：

1. 主观与客观的一致性

绩效是员工行为的结果，是目标的完成程度，是客观存在的，不是观念中的东西。但是绩效是上级或同事对员工工作的评价和认可，不可避免会掺杂人的主观判断。

2. 多因性

多因性绩效评价考虑的因素不仅仅是单一的，还是涵盖多个主观和客观的因素。员工的积极性、技能水平、工作环境和机会都会对绩效评价产生影响。其中，员工的态度和能力是主观性影响因素，工作环境和机会是客观性影响因素。

（1）激励是指调动员工的工作积极性

激励具体实施需要考虑员工的个体差异，包括需求层次、个性特点、知觉、学习历程和价值观等因素。其中，需求层次对员工需求的影响最为显著，因为，员工对谋生、安全与稳定、友谊与和睦、尊重与荣誉、自主和实现自我潜能等不同层次的需求，存在着不同的强度和组合。企业要真正发挥作用，就必须进行全面的研究和分析，识别问题并采取有针对性的措施。

（2）技能是指员工工作技巧与能力的水平

这取决于员工个人的天赋、智力、经历、教育和培训等因素。通过培训，员工可以提高技能水平，增强自信心，在达成预定计划目标方面达到更高的激励效果。

（3）环境因素是指企业内部的客观条件

例如，劳动场所的布局和物理环境（室温、通风、粉尘、噪声、照明），任务的性质，工作设计的质量，工具、设备和原材料的供应情况，上级领导的工作作风和方式，企业的组织和规章制度，工资福利，培训机会，以及企业文化、宗旨和氛围等。当然，环境因素除了企业外的客观环境，还包括社会政治、经济状况和市场竞争强度等宏观条件。这些因素的影响是间接的。

（4）机会具有偶然性

如果乙员工不在或因为纯粹的随机事件没有被指派来承担某项任务，这个任务恰好分配给甲员工，那么乙员工的能力和绩效尽管都优于甲员工，但是却没有机会来表现自己。尽管企业努力追求真正的平等，但在现实生活中，机会因素是不可控的，完全彻底的平等是不可能的。

3. 多维性

绩效需要从多个方面进行分析和评估。如工人的表现需要综合考虑多个指标，包括完成量、质量、原材料消耗率、能耗、出勤情况，以及表现出团结协作、服从纪律等硬性和软性方面的表现，所有这些指标需要逐一考核评估。由于不同的维度。可能对结果产生不同程度的影响，考评重点也会随之变化。

4. 动态性

绩效具有动态性，随着时间的推移，员工的表现可能会有所变化。员工可能在以前表现较差，但通过改进转变为优秀。员工的绩效即使一度表现良好，但也有可能出现退步或下降的情况。因此，管理者不能仅凭一时的印象或看法来评估员工的绩效，应该持续关注和评估。

关于绩效还有一种观点：智力乘以活力等于绩效。这个观点认为，开发人才无非两个支点：提升其智力、激发其活力。如果一个人的智力得到提升，其活力不断增强，则对于这个人的开发就是成功的。如果一个人不具备做某项工作的智慧和能力，那么这个人即使工作再努力，也不可能把这项工作做好；如果一个人的智力很好，完全具备做好某项工作的能力，但他对工作毫无热情，没有激情和活力，那么同样不可能把这项工作做好。那么，如何提升人的智力、激发人的活力呢？一般认为，人才开发的方式大体有三种类型：一是培养性开发，手段是教育；二是使用性开发，在实践中培养人才；三是政策性开发，通过政策引导、激励和调动人的积极性和创造力，提升人的活力。

5. 可度量性

绩效是对于员工工作实际效果的判断，需要经过必要的转换方可确定绩效。这就要求企业人力资源管理部门制定一个合理的度量绩效方法，这是评价过程必须解决的问题。

（二）绩效考评

绩效考评，又称为绩效评估，是评估和考核的综合体。它在考核时为评价提供实际证据，只有在客观的考核基础上评价，才能符合公平和合理的原则。考核结果只有经过评价才能进一步被使用。绩效考评是利用系统化的方法和原则，评估和衡量员工在职业角色中的工作行为和工作成果。评估员工表现的主要目的是帮助企业达成经营目标，提高员工的满意度和成就感。这种方式，可以确保员工的工作表现得到持续和有益的改进。考核结果在工作反馈、薪酬管理、职务调整和工作提升等方面具有重要作用。

汽车销售和服务企业为了生存和发展，通常会设定一系列阶段性目标，以加强企业的管理和控制。绩效管理是企业管理理论中的一个重要方面。通过绩效管理，企业可以获得竞争优势，提供重要保障。绩效考评作为绩效管理的一个重要内容，在绩效管理中起着非同寻常的作用。

（三）绩效评估管理

绩效评估管理是人力资源管理的子系统之一，以绩效考核制度为基础，通过有序复杂的管理活动过程实现。企业需要与员工对其个人的工作目标达成共识的基础上，采用有效的管理方法。除了确保目标按期、按质、按量得到实现，企业还需考虑提升目标的可能性。绩效管理的活动过程不仅在于提高员工个人绩效，还应强调将员工绩效与企业绩效有机地结合起来，实现提高企业整体效率和效益的目标。

作为绩效管理的重要支撑因素，绩效考评通过制度明确规定了员工和企业绩效的具体评价程序、步骤和方法，为绩效管理的运行和实施提供了前提和依据。绩效管理是一个非常宽泛的概念，包括绩效计划的制订、考评标准的设计、具体的考核和评价、信息反馈、总结、改进等整个过程。

绩效管理是一种活动过程，旨在实现企业发展战略和目标。它采用科学方法，通过监测、考核、反馈和评价员工个人或群体的行为表现、劳动态度和工作业绩、综合素质，来调动员工的积极性、主动性和创造性，不断改善员工和企业的行为，提高员工和企业的素质，发掘员工和企业的潜力。

1. 绩效评估管理目的

绩效管理的目的包括以下几项：

①为员工的晋升、降职、调职和离职提供依据。

②企业对员工绩效考评的反馈。

③对员工和团队对企业的贡献进行评估。

④为员工的薪酬决策提供依据。

⑤对招聘选择和工作分配的决策进行评估。

⑥了解员工和团队的培训和教育的需要。

⑦对培训和员工职业生涯规划效果的评估。

⑧对工作计划、预算评估和人力资源规划提供信息。

总之，建立员工绩效评估管理系统，可以使员工的贡献得到认可，帮助员工提高工作绩效，最终实现企业的发展。

绩效管理工作大致要经历制订绩效评估计划、实施绩效评估、分析评估、评估结果的运用四个阶段。

2. 制订绩效评估计划

如果想成功进行绩效管理，那么企业需要制订详细的评估计划。这就要求企业明确评估的目的，有针对性地选择被评估对象、评估的内容、评估标准和评估时间。

一般来说，企业会采用绩效评估标准来衡量和评估员工的工作业绩，这些标准分为绝对标准和相对标准两种。绝对标准可以划分为三类：业绩标准、行为标准和任职资格标准。绩效评估的确立依据是绩效标准，需要客观、量化。具体做法是拆分评估项目，建立评估标准。

标准应该被分成几个不同层次，如可以将标准分为五个层次：优秀、良好、合格、需改善、不合格。这样可以更清晰地描述标准所包含的各种不同要素。将合格作为绩效考核的标准，主要目的是评估被考评者的绩效是否达到基本要求。此外，在制定标准时，管理者务必要与员工进行充分沟通。为确保绩效评估标准的准确性，应当由管理者与员工共同参与制定。

3. 实施绩效评估

绩效评估实施的具体做法是将工作的实际情况与考评标准逐一对照，评价绩效的等级。在进行绩效评价时，很多企业要求员工对本人的业绩达成状况进行自评，在员工自评后，由主管对照初期与员工共同确定的绩效目标和绩效标准对员工进行评价。

管理者需要优先对员工的绩效数据进行归纳和检查，以确保数据的准确性和完整性。当管理者发现数据不符合要求时，为了评估原始信息的可靠性，管理者需要进一步确认和验证，或与其他来源收集的数据对比。管理者要评估员工绩效完成情况，必须先核实数据的完整性和准确性。有多种常见的评估方法可供选择，其中包括但不限于：工作标准法、叙述评估法、量表评估法、每日记录评估法、关键事件记录评估法、目标管理法、强制比例分布法和配对比较法。一般情形下，多种方法可以融合使用。每个公司都需要根据实际情况选择最合适的绩效评价方法。毫无疑问，不存在适用于所有企业的完美绩效评价工具。进行有效的绩效评价需要注意两个要素：一是建立合理的评价机制；二是对于评价他人，评估工作人员需要具备一定的评估技巧，尤其需要确保绩效面谈的准确性，这一点至关重要。

4. 分析评估

这一阶段的主要任务是根据评估的目的、标准和方法，对所收集的评估数据进行分析、处理、综合，具体过程如下：

（1）划分等级

评估工作人员把每一个评估项目，如工作态度、人际关系、出勤、责任心、业绩等，按一定的标准划分为不同等级，一般可分 3～5 个等级，如优、良、合格、稍差、不合格。

（2）对单一评估项目的量化

评估的最终目的是要形成可以考核的标准，每个具体的项目都要采用等级或分数的形式来量化。

（3）对单一评估项目的不同评估结果的综合

在有多人参与的情况下，同一项目的评估结果会有所不同，为综合这些意见，可采用算术平均法或加权平均法进行综合评估。

（4）对不同项目的评估结果的综合

有时候，为了得出全面客观的结论，需要综合使用多个评估项目，以达到特定的评估目标。在评估时，常常会采用加权平均的方法，更准确地衡量不同项目的贡献。具体所用的权重会依据评估项目的性质、受评者的层级和责任范围等因素进行确定。

5. 评估结果的运用

即使得出评估结果，也不代表绩效评估工作完成。绩效评估收集的大量有用信息，可以应用于企业的各项管理活动。

①对员工进行评估结果的反馈，可以帮助他们意识到存在的问题并找到针对性的解决方案，推动工作的改进并提升工作绩效。

②提供关于人员任用、晋升、加薪、奖励等方面的决策依据。

③审查企业管理方面的政策，如人员规划、职工培育等，是否存在疏漏或不足，明确哪些具体问题需要解决。

二、绩效考评的用途

绩效考评最明显的作用是为员工提供工资调整和升职的依据。绩效考评还有一些附加作用，可以帮助员工认识到企业对其工作的评价，帮助员工认识自己的优点、不足和需要改进之处，为员工指出一个明确的努力方向。这些都有利于员工提高工作表现，实现个人和团队的发展。绩效评估还有助于建立管理者和员工之间的正式沟通渠道，增强他们之间的相互理解和协作。

绩效考评主要有以下几个方面的用途：

（一）为员工的薪酬调整、奖金发放提供依据

所有员工都要接受绩效评估，根据评估结果获得相应的评价和反馈。这些评估结果是决定员工薪资调整和奖金发放的重要参考依据，无论是以文字还是数字的形式呈现。评估结果应该公开并获得员工的认可。

（二）为员工的职务调整提供依据

员工职务调整包括升迁、降职、调动及解雇等情形。通过绩效考评的结果，能够公正地评估员工在目前岗位上的表现，判断其是否适合这一职位。通过这种方式进行的职务调整，能够得到员工的认可和支持。

（三）为管理者和员工提供一个正式沟通的机会

管理者和员工可以面对面地讨论评估绩效，也可以指出评估结果的优点、缺点和改进方向。这种交流渠道使管理者能够及时了解员工的实际工作情况，深入了解背后的原因，员工也可以了解管理者的管理理念和计划。沟通考核有助于管理者和员工之间相互了解，可以提高管理效果和工作效率。

（四）让员工清楚企业对自己的真实评价

虽然管理者和员工经常就工作计划和任务进行交流，但员工很难获知企业对自己的表现所作出的真实评价。绩效考核是一种周期固定、有条理地对员工进行

评估的正式方法。由于评估结果向员工公开，员工有机会了解企业对其工作绩效的评估。这样做可以防止员工错误地估计自己在企业中的地位和作用，减少一些无谓的不满情绪。

（五）让员工清楚企业对他的期望

每个员工都希望在工作中得到成长，企业提供的职业发展计划正是为了满足员工的自我成长需求。清晰地表达企业对员工的期望，可以帮助员工更好地理解职业发展的方向和目标。如果只有目标没有指导，则会导致员工茫然无措。绩效考核相当于一根指挥棒，可以帮助员工认清需要提高的方面，指引员工朝着正确的方向前进，帮助员工在自我发展的道路上更加顺畅。

（六）为改进企业政策提供依据

绩效考核可以帮助企业管理者和人力资源部门及时获取员工的工作表现信息，为优化企业政策提供决策依据。整合和解读这些数据，可以帮助评估公司的招聘流程、人才招募方式、激励措施和培训计划等一系列管理策略在实际中的表现效果。此外，管理者可以及时发现政策漏洞，为完善企业政策提供可靠的参考依据。

三、绩效考评的原则

（一）坚持公平、公正、公开的原则

在进行企业绩效考核时，要考核者对所有的考核对象要一视同仁，对事不对人，坚持定量和定性相结合，建立科学的考核体系和考核标准。

（二）坚持全方位考核的原则

绩效考核应采取自我鉴定、上下级之间考核、考评领导小组考核相结合的多层次考核方法，使所有层次的员工均有机会参与企业管理，有行使民主监督的权利。

（三）坚持工作业绩和工作质量、服务质量相结合的原则

绩效包括员工的工作业绩、工作能力和工作态度等方面。绩效考核要得到真

实、可靠的结论，就必须对员工进行全面考核，不能只考核员工的某一方面，否则，就违背了绩效考核的初衷。

四、绩效考评的内容

（一）业绩考评

业绩考评是一个广泛应用的术语，常用于奖励先进个人、表彰劳动模范、评选积极分子和干部等，这些都与绩效考评紧密相关。通常认为，业绩必须具备可比性，才会被作为评估标准。这种做法能够确保评估公平、公正。

企业希望每位员工都能为实现经营目标作出贡献。因此，企业必须对员工的表现进行评估，以了解他们的价值，以及他们对企业的贡献情况。这样可以更好地掌握员工的业绩，促进企业的发展。企业应公正、公平地评价员工的业绩，认可员工所作出的贡献。

业绩考评是对员工在岗位工作中所取得成果的评估和评价。事实上，一个人对企业的贡献并非完全由其完成的任务的效果所决定。有些工作任务的重要性可能十分有限，即使把它做得非常出色，也未必能够对企业作出的大贡献。因此，在进行绩效考评时，需要综合考虑员工工作业绩以外的方面，如综合素质和对企业的贡献。只有正确评价，才能达到绩效管理的目标。

（二）能力考评

在企业运营中，除了关注当前的工作效率，也应该注重员工的个人特长和能力，让每位员工都有机会发挥特长。此外，除了提高员工当前的工作效率，也要考虑其在未来的发展潜力，给有能力的员工提供晋升到更高职位的机会，带动全员的积极性。能力考评不是简单的手段，具有更为重要的作用。

能力和业绩有明显的不同之处，业绩是外在表现，可以量化和衡量，而能力是主观内在的，难以比较和评估，这是能力评估的难点。但是，能力是一种客观的存在，可以被察觉和被感知。我们可以通过各种手段来确定不同员工之间能力的存在和差异。

在企业的绩效管理中，员工能力考评与一般的能力测评有所不同。员工能力考评的评估重点在于员工在岗位工作过程中所表现出来的能力，如员工在工作中是否能够快速、正确地理解和执行指令。在处理上、下级关系时，员工是否得体并且能否产生实际效果。员工能力考评是指根据员工工作时的行为表现和参考标准要求，对其能力的发挥进行评估，判断其能力的大小、强弱等级等。能力考评是对员工所承担工作的要求和所具备能力进行评估的过程，以判断其是否符合工作标准。

（三）态度考评

通常情况下，员工出众的能力可能会带来更出色的业绩。在许多企业中，经常会出现这样一种情况：某位员工具备很强的能力，却不愿意付出足够的努力。相对而言，另一位员工虽然能力不是很强，但是十分认真负责，表现出色。工作结果与员工个人的工作态度息息相关，而与员工的个人能力关系相对较小。因此，以上两种不同的工作态度会带来截然不同的工作结果。因此，企业需要对员工的工作态度进行评估。员工必须有动力和积极性。

工作态度是将员工的工作能力转化为其工作业绩的关键媒介，即便员工拥有良好态度，其能力也未必能够完全转化为实际业绩。这是因为在将能力转化为业绩的过程中，需要考虑除个人努力以外的其他辅助性条件。一些因素在企业内部发生，如员工分工是否恰当、工作指导是否准确、工作场所是否优越等。还有一些因素是受企业外部环境影响的，如市场的需求和供给状况、产品的销售表现，以及原材料供应的稳定性等。

工作态度评估应该只考虑个人表现，不考虑外部因素和条件的影响。如果工作条件比较优越，员工由此取得了显著的业绩，如果不排除运气这一因素，考评就将无法做到客观、公正、公平。反之，应充分考虑工作条件的恶化对业绩的负面影响，而不是单纯归咎于个人不够努力，在绩效管理中工作条件应该有所体现。这体现了在考评中态度和业绩之间的差异。与其他项目的区别在于态度考核不受职位和能力的影响，注重工作中的细节，包括工作是否认真仔细、是否负责、是否持续付出、是否注入热情与动力、是否忠实维护职责与服从命令等方面。

五、绩效考评的方法

在应用绩效管理的考评方法时，企业需要结合环境条件，以及不同岗位、员工的不同特点，选择考评方法。

（一）按个体形式区分的考评方法

将考评的方法按照个体形式区分，能够做到准确衡量员工在某些特征方面的水平，如依赖性、创造性、领导能力等，这些特征对岗位和企业至关重要，这项方法优势灵活多变随时更新。特征法是使用最广泛的方法，为避免主观偏见，在职业分析的基础上再详细设计。下列几种方法是特征法主要的方式：

1. 量表评定法

在使用评分量表法时，评分者应该依据量表中列出的各项指标，依次对被评估者进行评分，采用五个等级进行评定，如被评估员工的人际交往能力，分为优秀、良好、一般、较差、差等级，也可以把评分改为分值打分，从 0～9 分连续评分。在应用描绘性评定量表法时，评估者需要提前确定指标评定等级的含义和每个指标的定义。一旦确定了尺度和标准的精确定义，就能有效降低主观偏见的出现可能性。评估者使用量表对被评估者进行评分或排名，结合所有数据得出最终的评估结论。

2. 混合标准尺度法

混合标准尺度方法可以用来度量不同的特征。不同的特征可以采用多种角度来描绘。这种评估方法将各项特征分为优秀、中等和不足三个级别，随机排列这些描述，以创建一个多维度的评估标准，再根据每个员工的表现与标准相比是表现更好、一样好，还是表现不如标准来评价员工。

3. 书面法

在书面评估中，评估者需要以报告的形式仔细描述被评估员工的表现。评估者需要记录员工的长处和不足，为员工的发展提供建议。使用书面法进行评估，可以提供描述性信息，这些信息是这项方法独有的，使考评者能发现员工独特的优势。正常情况下，书面法还要与其他形式一同使用。

书面法如果要详细描述员工的特征，会耗费大量时间（即便与其他方法结合使用时，也不必要求做到全面描述）。这种描述的主观性很强，会受到评价者的写作风格和表达能力的影响。书面法还可能偏离与绩效管理相关的重点描述。

（二）以员工行为为对象进行考评的方法

运用以员工行为为对象进行考评的方法时，考评者可以准确描述员工的行为表现，提高绩效考评的准确性和可信度。此方法需明确工作范围和尺度，使考评过程更系统化和标准化，有助于促进员工的职业发展和绩效提升。借助这些描述，考评者可以评估员工在职责范围内的绩效。此方法被用于区分行为的"应该性"，常被用于促进发展。以下是行为法的主要类别：

1. 关键事件法

关键事件法是一种用于评估特定领域工作的方法，要求企业根据员工在工作任务中的行为，来判断他们完成任务的情况，这些行为可以是有效的或是无效的，将直接影响工作结果。考评者需要谨记一些重要的工作行为，包括有效和无效的工作行为，这些行为通常称为"关键事件"。考评者需要记录和观察这些关键事件，这些事件通常能够描述员工的具体工作行为及其发生的情境。在评估员工的表现时，关键事件可以作为衡量标准。在评价行为时，考评者要关注行为本身的特征和发生的情境，关键事件的评价应该看事实。

使用关键事件法的弊端是要花费大量时间和精力记录观察关键事件。这种方法可以定性分析，无法定量分析。如果无法明确对工作行为的重要性程度，那么考评者难以借助该方法来区分员工的表现。

2. 行为观察量表法

行为观察量表法源于关键事件法，要求评估者根据特定工作所表现出的行为频率或次数对被评估者进行评分。如从"从不（1 分）、偶尔（2 分）、有时（3 分）、经常（4 分）、总是（5 分）"这五个选项中作出选择。评估者应该将不同工作行为评定得分相加，用总分进行评定，根据得分对工作绩效的重要程度赋予不同的权重，再用加权总分的方式计算出最终得分。最终得分可作为衡量不同员工间表现差异的指标。评定项目不应该选择发生频率异常的工作行为，这种行为标准没有参考价值。

3. 行为定点量表法

行为定点量表法需要评估者在事先为每个工作维度搜集有效和无效的工作行为，然后选择一组行为来评定每种工作或绩效维度，如管理能力、人际交往能力等。通过为员工的关键工作行为赋值，并按照不同维度排序，形成行为定点量表，用于评定有用的行为项目。

4. 硬性分配法

硬性分配法，又称为强制分类法。运用这个方法时，如果员工的工作行为和绩效符合正态分布，则根据状态分布规律，员工的表现可以分为优秀、中等、不佳三个阶段，其中，中等表现的员工人数最多，优秀和不佳的员工人数较少。这种方法可以避免传统考评中出现大量评价为良好或及格的情况。如果员工的工作表现呈现非正态分布，则这种方法就不可行。硬性分配方法的局限是无法细致地对员工进行个别差异比较，也无法提供准确、可靠的信息诊断工作问题。该方法只能将员工分为少数几个类别，其灵活性受到限制。当需要对数量较多的评估对象进行评估时，可以考虑使用硬性分配法。

5. 排队法

以员工的表现或工作成果为基准，将员工进行排序，以此为准进行人事决策和发现不当工作行为，这就是排队法。当考评员工时，评估者可以采用单一指标或多元指标的排队法。如果员工数量较少，则评估者可使用单一绩效指标，可以综合考虑员工的整体行为来评估工作表现。在评估时，评估者应该采用多元标准进行考核，每次按不同标准排列后，取多次排名的平均值，作为员工最终排名。

（三）按照员工的工作成果进行考评方法

具体有两种考评方法：

1. 生产能力衡量法

每一个衡量标准都直接与员工的工作结果是否对企业有利相联系。例如，对销售人员的考评以销售量为基础（汽车销售数量、销售收入），对业务经理的考评，以销售或服务利润增长量为基础，对服务和维修人员的考评，以服务的顾客数量、汽车数量、返修率等为基础。这种方法可以直接将员工的个人目标与企业目标相连接。该方法的缺点是：由于注重结果，有时候，员工所不能控制的某些外部原因，结果要由员工承担责任。

2. 目标管理法

目标管理是管理者与员工间双向互动的过程，使用目标管理法可以弥补结果法的某些缺陷。该方法由员工与管理者协商制定个人目标。个人目标依据企业的战略目标及相应的部门目标而确定，与它们尽可能一致；目标的数量不宜过多，应有针对性；目标应做到可量化、可测量，长期与短期并存，还应制定达到目标的详细步骤。目标管理法能使员工个人的努力目标与企业目标保持一致，能够降低管理者将精力放到与企业目标无关的工作上的可能性。由于评价标准直接反映员工的工作内容，结果易于观测，很少出现评价失误现象，并适合对员工提供建议、反馈和辅导。但是，目标管理法没有在不同部门、不同员工间设立统一目标，因此，难以对员工和不同部门间的工作绩效做横向比较，不能为晋升决策提供依据。

六、薪酬管理

薪酬是指员工因被聘用所获得的一切有形的和无形的劳动报酬，包括工资、奖金等现金收入，也包括各种形式的福利、奖励等。

科学、合理的薪酬管理是一种动力，将极大地提高员工的工作效率，为企业创造更大的效益。不良的薪酬管理将会挫伤员工的积极性，使其对企业产生不信任感，影响企业的发展。一个企业的薪酬制度设计关键要做到“对内具有公平性，对外具有竞争力”。企业存在的目的是实现企业所确定的发展目标，在企业工作的员工，在为企业提供实现目标所需要的行为时，获得的一切有形和无形的劳动报酬，这些构成了员工的薪酬。企业的薪酬制度在为其赢得竞争优势、实现战略目标的过程中具有重要作用。因此，薪酬制度的设计和实施是整个人力资源管理中最复杂的工作。

员工薪酬常规构成有以下几个部分：

（一）基本工资

基本工资是员工收入的基本组成内容，相对比较稳定，是确认员工退休金的主要依据。这部分薪资主要由员工薪资制度而定。

（二）津贴

津贴是对员工在特殊劳动条件下，工作时额外劳动的消耗、额外的生活费用和对员工生理或心理带来的损害给予的物质补偿。津贴分地域性津贴、生活性津贴和劳动性津贴等。

（三）奖金

奖金是员工的杰出工作表现和对企业发展的特殊贡献，企业支付给员工工资以外的劳动报酬，是基本工资的补充形式，常见的有考勤奖金、效益奖金和项目奖金等。

（四）佣金

佣金（俗称提成金）一般是按照员工因完成某项任务，以销售人员完成规定的销售指标数为基数，获得一定比例的报酬。

（五）福利

员工福利是企业为员工提供的非金钱的所有物质待遇，一般用实物或服务的形式支付，如住房公积金、各种保险、带薪休假、优惠购买企业股票等。

（六）薪酬体系

企业薪酬体系决定了人力资源的合理配置和使用，直接影响企业的劳动生产效率，关系到企业和社会的稳定，所以，企业一定要科学、慎重地设计薪酬体系。企业的薪酬体系设计要遵循以下几个基本原则：

1. 详细的岗位分析

要想设计好企业薪酬体系，必须进行岗位分析。岗位分析是指通过使用公共问卷法、观察法和访谈法等技术手段，对不同种类岗位的职责、操作行为、职业环境，以及所需的技能、知识、经验等有关情况进行详细的描述。该过程是为了满足企业发展战略的需要，制定出适当的岗位说明书和工作规范。为了能够顺利地完成这项工作，企业的人力资源部门必须与该员工和上级主管紧密地合作。员工的薪资与其所从事的工作岗位的职责、责任和任职要求密切相关。在科学原则下，薪酬应该与员工所担任的职位的职责、权责、任职资格，以及该职位在企业内的价值相对应。经过科学分析，使用适宜的工具，价值才能准确被评估和计算出来，才能够确保薪酬公正、科学，摆脱平均主义。

2. 公平、合理的岗位评价

在进行岗位评估时，需要通过分类、排序和要素比较等方法进行比较分析，以确定企业内各个岗位的相对价值，确保岗位评价的公正、合理。在制定企业薪酬体系时，岗位评价是非常重要的一个步骤，可以有效地激励和约束员工，提高员工的工作积极性和创新能力。只有充分发挥薪酬机制的作用，才能最大限度地调动员工的工作主动性，这就需要在设计薪酬体系时进行岗位评价。

3. 薪酬市场调查

进行薪酬市场调查是指借助各种合法手段获取有关企业及其员工职位的薪资水平和与此相关的信息。对薪资调查的数据进行汇总和分析，能够为企业制定薪酬体系提供有力支持。

4. 薪酬方案的草拟

只有在完成前面的工作并掌握具体全面的资料后，才能开始起草薪酬方案。为了设计一个合理的薪酬体系方案，需要深入分析各项资料和情况，运用人力资源体系的知识，进行书面设计。草拟的薪酬体系要兼顾公平性原则，在充分发挥薪酬激励作用的同时，要处理好短期激励和长期激励的关系，要处理好老员工和新员工的关系，保证新的薪酬体系在维护稳定的前提下设计。

5. 薪酬方案的测评

草拟好的薪酬方案并不是马上就实施。相关人员必须进行认真的测评，通过模拟运行的方式来测试方案的可行性和可操作性，进一步预测方案是否能够顺利实施。

6. 薪酬方案的宣传和执行

一经测评，评估者就应对在评估中发现的问题和缺陷进行调整，在调整好方案后开展必要的宣传或培训。企业的薪酬方案在得到上、中层管理人员支持的同时，还需获得全体员工的认可。在宣传、沟通和培训过后，薪酬方案就可以开始推行落实。

7. 反馈和修正

对薪酬方案进行持续的反馈和改进，可确保薪酬制度长远、有效执行。定期审核薪酬体系和薪资水平至关重要。

第三章　汽车 4S 店配件供应与仓储管理

本章主要对汽车 4S 店配件供应与仓储管理进行阐述，共分为三节，分别是汽车 4S 店配件概述、汽车 4S 店配件供应规范化管理、汽车 4S 店配件仓储管理。

第一节　汽车 4S 店配件概述

一、汽车配件的认识

构成汽车整体的各单元及服务于汽车的产品统称为“汽车配件”。

汽车配件 = 汽车零部件 + 汽车标准件 + 汽车精品 + 汽车材料

（一）汽车零部件

汽车零部件分为发动机零部件、底盘零部件、车身及饰品零部件、电气电子产品，一般都编入各车型汽车配件目录，并标有统一规定的零部件编号。

1. 零件

零件是汽车的基本制造单元，是不可再拆卸的整体，如活塞环、活塞、气门、行星齿轮、灯泡。

2. 合件

由两个以上的零件组装而成，起着单一零件作用的组合体称为“合件”。合件以其中的主要零件确定名称，如带盖的连杆、成对的轴瓦、带气门导管的缸盖。

3. 组合件

由几个零件或合件组装，但不能单独完成某一机构作用的组合体称为“组合件”。有时，组合件又称为“半总成件”，如变速器盖。

4. 总成件

总成件是指由若干零件、合件、组合件装成一体，能单独起某一机构作用的组合体，如发动机总成、离合器总成、变速器总成。

5. 车身覆盖件

车身覆盖件是指由板材冲压、焊接成形，并覆盖汽车车身的零件，如散热器罩、叶子板。

（二）汽车标准件

汽车标准件是按国家标准设计与制造，统一同一种零件的形状、尺寸、公差、技术要求，能通用在各种仪器设备上，并具有互换性的零件，又称为“通用件”。适用于汽车的标准件包括螺栓、垫圈、销、键、标准轴承。

（三）汽车材料

汽车材料是指汽车运行材料，如各种油料、溶液、汽车轮胎、蓄电池，大多是非汽车行业生产由汽车行业使用的产品，被称为汽车的“横向产品”。

（四）汽车精品

汽车精品是指增加汽车用户使用舒适感和愉快感的附加设备，即在原车配置的基础上加装的部件，如贴膜、尾翼、车顶行李架。

汽车标准件、汽车材料和汽车精品一般不编入各车型相应的汽车配件目录。

汽车配件还有另外一种分类方法——按照配件的使用性质分成以下几类：

1. 消耗件

在汽车运行中，一些零件会自然老化、失效，必须定期更换，如各种皮带、胶管、密封垫、电器件、滤芯、轮胎、蓄电池等。这些零件称为“消耗件”。

2. 易损件

在汽车运行中，一些零件会因磨损失效，需要随时更换，如轴瓦、活塞、缸套、气阀、制动鼓、离合器摩擦片等。这些零件称为“易损件”。

3. 维修件

汽车在一定的运行周期后，必须更换的零件，如各种轴、齿类零件等。这些零件称为“维修件”。

4. 基础件

基础件指构成汽车的一些总成零件，原则上它们应该是全寿命零件，但可能因为使用环境的特殊先期损坏，需要进行更换或维修，如曲轴、缸体、桥壳、变速器等。

5. 肇事件

因交通事故而损坏的零件称为“肇事件”，如传动轴、水箱、车门、前梁等。

二、汽车配件的特点

（一）品种繁多

这是由于组成一部汽车的零部件繁多。

（二）代用性复杂

很多配件可以在一定范围内代用，不同配件的代用性是不一样的。例如，轮胎、灯泡的代用性很强，集成电路芯片、传感器等配件的代用性就不强。掌握汽车配件的代用性，是管理好汽车配件的重要条件。

（三）识别体系复杂

一般汽车配件都有原厂图号（或称原厂编号），通常经营者会为汽车配件进行自编号。

（四）价格变动快

由于整车的价格经常变动，汽车配件的价格变动更频繁。

第二节 汽车 4S 店配件供应规范化管理

一、库房管理

（一）库房管理概述

每辆汽车都是由数以万计的汽车零配件组成。面对如此庞大的配件数量，做好汽车配件的库房管理是配件供应和经销至关重要的环节。库房管理是否科学、合理、完善，直接影响汽车销售企业的经营效益。

仓库管理人员应对进厂入库的零配件认真查验，不断提高管理和业务水平，使验收分类、堆放、发送、记账等手续简便、迅速和及时；采用科学方法，根据配件不同性质妥善维护保管，确保零配件安全；存放货位编号定位，整齐划一，有条不紊，便于收发查点和库容整洁；配件发放要有利生产，方便工人操作，配合作业现场；定期清仓和盘点，及时掌握库存量变动情况，避免积压、浪费和丢失，保持账、卡、物相符；做好废旧配件和物资的回收利用。

（二）库房管理的 ABC 分类法

ABC 分类法又称为重点管理法或分类管理法，广泛应用于商品的销售、采购、储备、库存控制等各个环节，目的是提高资金利用率和经济效益。

汽车配件经营品种规格繁多，需要对仓库所储存的汽车配件，以品种规格及占用资金的大小进行排队，将其分为 A、B、C 三类。A 类配件品种少，只占总品种的 10% 左右，资金占用相当大，约占总资金的 70%；B 类配件品种比 A 类多，约占总品种的 20%，占用资金 20%；C 类配件品种多，约占总品种的 70%，资金占用较少，占总资金的 10%。从重要程度看，A 类最重要，B 类次之，C 类再次之。根据以上情况，企业应对各类配件采取不同的管理方法。

1.A 类配件

A 类配件一般是常用易损易耗配件，维修用量大、换件频率高、库存周转快、用户广泛、购买力稳定，是经营的重点品种。对这一类配件，一定要有较固定的进货渠道，在任何情况下都不能断档脱销。企业决策者必须随时掌握这类配件的进、销、存的比例变化，使其占有优先地位。A 类配件的主要品种一般是活塞环、曲轴、汽缸体、水箱、活塞、万向节、汽缸垫、刹车片、钢圈、半轴、转向节等几十个品种。在仓库管理上，对 A 类配件应采取重点措施，进行重点管理，选择最优进货批量，尽量缩短进货间隔时间，做到快进快出，加速周转；要随时登记库存变化，按品种控制进货数量和库存数量，在保证销售的前提下，将库存储备压缩到最低水平。

2.B 类配件

对 B 类配件只进行一般管理，管理措施主要是做到进销平衡，避免积压。

3.C 类配件

C 类配件由于品种繁多，资金占用少，如果订货次数过于频繁，不仅工作量大，经济效益也不好。企业一般可根据经营条件，规定该类配件的最大和最小储备量，当储备量降到最小时，一次订货达到最大量，以后订货也照此办理，不必重新计算，有利于集中力量抓 A、B 两类配件的管理工作。

（三）库房布局原则

①有效利用有限的空间，根据库房大小和库存量，按大、中、小型及长型进行分类放置，便于节省空间；用纸盒来保存中小型备件，用适当尺寸的货架和纸盒将不常用的备件放在一起保管；留出用于新车型备件的空间，无用备件要及时报废。

②防止出库时发生错误，将备件号完全相同的备件放在同一纸盒内，不要将备件放在过道上或货架的顶上；备件号和外观接近的备件不宜紧挨存放。

③保证备件的质量，保持备件清洁，避免潮湿、高温或阳光直射；仓库内禁止吸烟并放置灭火器。

（四）库房管理的要求

1. 标志明显

仓库各工作区域应有明显的标牌，如备件销售出货口、车间领料出货口、发料室、备货区、危险品库房等，应有足够的进货、发货通道和备件周转区域。

2. 整洁、规范

货架摆放要整齐划一，仓库过道要有明显标志，货架应标有位置码，货位要有备件号和备件名称；一般不宜将备件堆放在地上，为避免备件锈蚀与磕碰，必须保持完好的原包装。

3. 分类保存

易燃易爆物品应与其他备件严格分开管理，存放时要考虑防火、通风等问题，库房内应有明显防火标志；非仓库人员不得随便入内，仓库内不得摆放私人物品；索赔件必须单独存放。

（五）库房设施要求

配备专用的备件搬运工具，配备一定数量的货架、货筐等，配备必要的通风、照明及防火设备器材；宜采用可调式货架，便于调整和节约空间；货架颜色宜统一，一般中货架和专用货架必须采用钢质材料，小货架不限，但必须保证安全耐用。

（六）汽车配件的位置码系统

使用汽车配件的计算机管理位置码系统，可快速地从数千种零件中找出所需的汽车配件，提高拣件速度，减小劳动强度，提高管理效率。这对于多种车型，多品种、大库存的仓储管理很重要。

1. 位置码的理论依据

位置码是标明汽车配件存放位置的代码，是空间三维坐标。任何一组数字（a，b，c）总可以找到唯一的一点与它对应，即一点确定一个位置，一个位置只能放置一个配件。三维坐标（a,b,c）中的数字，是说明该配件的位置为：过道或架号、列、层。

2. 位置码的编制方法

（1）按区（库）分类

根据服务站维修车辆的类型或服务站的具体情况，不同种车型的汽车配件应存放在不同的库房（如 1 号库、2 号库），或同一个库房分成几个区（A 区、B 区），如库房面积较大要分成几个区（Ⅰ区、Ⅱ区）。

（2）按照行（过道或货架号）顺序编排

以 X 轴表示第几行（过道或第几货架），用 1、2、3……表示。

（3）按顺序编排

以 Y 轴表示第几列，用 A、B、C……表示。

（4）再按层编排

以 Z 轴表示第几层，用 1、2、3……表示。

3. 具体步骤

①根据库房、货架等实际情况确定编制方案，以区 / 库、架 / 过道、列、层等形式进行设计。

②编制出具体的位置码系列。具体是：

第一，根据汽车配件号规及汽车配件销售频率，体积的大小编制位置码。

第二，根据汽车配件号的规则，按汽车配件号大类、小类的先后顺序存放，即最前面是各种车型 / 型号的号码，然后是主组、子组的号码（有字母的按字母的顺序排列）。

③打印、张贴位置码标牌于货架上。

④汽车配件在货架存放，要考虑预留货位，可作为汽车配件号的更改及品种增加时的补充，这些预留货位可以直线排列、对角线排列或间隔排列。

⑤货架的布置，摆放货架（中货架、小货架、专用货架）可根据具体情况实施，货架可背靠背，也可单排摆放。

二、汽车配件的出入库管理

汽车配件库房管理的过程，是从物资入库开始，到把该批物资发出去为止的全过程，主要围绕着物资进货、保管和维护、出库开展的一系列活动。汽车配件仓储的科学管理，能节省路程和时间，降低成本，高效地为客户服务。

（一）配件入库

配件入库是指仓库管理人员在接到配件入库通知单后，办理提货、搬运、检查验收、入库等一系列工作的过程。

配件验收是其中最重要、最关键的环节，经过验收后的配件才能入库保管。

配件验收包括验收准备、核对证件和实物验收三个操作环节。

1. 验收准备

仓库在接到配件入库通知后，应当根据配件的性质、重量、数量等做好验收前的人员、资料、器具、货位、设备等准备工作，如配件的数量、重量，准备好相关的装卸搬运工具。

2. 核对凭证

配件验收的第二项工作是检查核对配件的相关凭证。配件在入库前要提供入库通知单、发货明细表及供货单位提供的一切凭证，对于大宗订货还要提供订货合同副本，经过运输的配件还需提供货物承运单位的运单，对所有凭证进行一一核对后，才能进行下一步工作。

3. 实物验收

配件验收的最后一项工作是关键配件实物验收工作。实物验收包括两方面内容：数量和质量验收。数量验收是保证配件数量准确不可缺少的重要步骤，库房管理人员须按照商品性质和包装情况认真地验收配件的数量。在汽车配件的数量验收工作中，计件是主要的验收方式。汽车配件的质量验收主要是进行外观检验。外观检验主要检查配件包装是否破损，配件表面是否有损伤，如变形、破碎，配件是否生锈、潮湿等。

（二）配件库存的码放与保管

为了充分发挥库房、保管员和设备的潜力，达到储存多、进出快、保管好、费用省的要求，应将入库储存保管的配件，统一按部、系、品种或按车型系列的部、系、品种实行条理化管理。条理化管理是指配件管理分类统一，安全堆码美观整齐，仓容利用经济合理，防尘、防潮、防高温、防照射，细致严密，卡物相符，服务便利，并存放好特殊的汽车配件的管理过程。

1. 配件管理分类统一

（1）按部、系、品种系列分库

就是所有配件，不分车型，一律按部、系、品种顺序，分系集中存放。例如，储存发动机配件的库叫作发动机库，储存通用的工具和电器库叫作通用库。

（2）按车型系列分库

就是按所属的不同车型分库存放配件，如对东风、夏利、桑塔纳等车型的配件，分别设东风牌汽车配件库、夏利牌汽车配件库、桑塔纳牌汽车配件库。

（3）按单位设专库储存

当在一个库区内同时储存两个以上单位的配件时，可以按单位设专库储存，但是不论是按部、系、品种系列还是按车型系列，还是两个以上（含两个单位）混合储存，都要为单位建卡和立账，要与这些存货单位的分类建账结合起来，实行对口管理，这样便于工作联系和清仓盘点，有利于提高工作效率。

不论是按部、系、品种系列，还是按车型系列或者是按单位分库储存，凡是大件、重件（驾驶室、车身、发动机、前后桥、大梁等）都要集中储存，以便充分发挥仓库的各种专用设备，特别是机械吊装设备的作用。这样可以提高仓容利用率，减轻装卸搬运工人的劳动强度，提高劳动效率。

2. 安全堆码美观整齐

仓库里的配件堆码必须贯彻“安全第一”的原则，不论在何种情况下，都要保证仓库、配件和人身的安全，还要做到文明生产。配件的陈列堆码一定要美观整齐，具体要做到以下六点：

（1）安全“五距”①

库内货垛与内墙的距离不得小于 0.3m，货垛与柱子的距离不得小于 0.1～0.2m，货垛之间的距离一般为 0.5m，货架之间的距离一般为 0.7m。当在库外存放时，货垛与外墙的距离不得小于 0.5m，这样可以避免配件受潮，减轻墙脚负荷，保证库房建筑的安全。

（2）实行定额管理

库房的储存量指标应有明确规定，实行定额管理，每立方米的存放重量不得超过设计标准的 90%，以保证库房建筑安全寿命达到设计使用年限，保证库存物资和人员的安全。

（3）堆码美观整齐

堆垛要稳，不偏不斜，货垛货架排列有序，上、下、左、右、中摆放整齐，

① 姜波. 现代物流管理 [M]. 北京：北京理工大学出版社，2021.

做到横看成行、竖看成线。包装上有产品标志的，在堆码时，标志应一律朝外，不得倒置，发现包装破损应及时调换。

（4）重不压轻

重量较轻、体积较大的配件应单独存放。在堆码时，一要注意适当控制堆码高度；二要注意不要以重压轻，以防倾倒。对易碎易变形的配件，更不可重压，以保证安全。

（5）通风排水

对某些配件，当需露天存放时，要美观整齐，要上盖下垫，上不漏雨，下不浸水，四周要通风，排水要良好。

（6）清理现场

每次发货后，要及时清理现场，货场该拼堆的拼堆、该上架的上架，场地要清扫干净，这样倒出货位，以便再次进货，保持仓库的整洁美观。

3. 仓容利用经济合理

要根据库区的实际情况，结合配件的性能特点，对仓容的利用应作出合理布局。要充分发挥人员、库房、设备的潜力，做到人尽其能、库尽其用，以最小的代价，取得最大的效益。

（1）合理使用库房

各种配件体积重量相差很大，形状各异，要把这些不同大小、不同重量、不同形状的配件安排妥当，以最大限度地提高仓容利用率，如前后桥、发动机、驾驶室等重件、大件，可以放在地坪耐压力强、空间高、有起吊设备的库房。库房还要根据配件的性能、特点和外形，配备一定数量的专用货架和格架等设备，如存放汽车前桥和后桥的专用枕垫，存放横拉杆的专用格架。

（2）提高单位面积利用率

仓库的建筑面积是不可变的，但单位面积利用率是可变的，如设高层货架或在普通货架区的货架最上面一层，储存易碎配件（如汽车灯泡、灯罩、仪表）；随时清理现场，可以提高单位面积利用率。

4. 防尘、防潮、防高温、防照射、细致严密

汽车配件品种繁多，使用的材料和制造方法各具特点，有的怕潮、有的怕热、

有的怕阳光照射、有的怕压等，在储存中如不注意自然因素，就会影响这些配件的质量。

5. 特殊汽车配件的存放

（1）不能沾油的汽车配件的存放

轮胎、水管接头、三角皮带等橡胶制品怕沾柴油、黄油、机油，尤其怕沾汽油。如果常与这些油类接触，上述橡胶配件就会膨胀，很快老化，加速损坏报废。

（2）爆震传感器的存放

爆震传感器不应放在货架或货柜的上层，应放在底层，且分格存放，每格一个，下面还应铺上海绵等软物。

（3）减震器的存放

在存放减震器时，要将其竖直放置。

6. 卡物相符，服务便利

衡量仓库保管员工作质量的一项具体指标就是验证货物与订单的一致性，被称为“卡物相符”。如果卡物相符率高，则表明保管员的工作质量较好；相反，则表明保管员的工作质量不尽如人意。要使卡片与物品相符率提高，必须切实遵循“五五堆码”和“有动必对”的原则。“有动必对”是确保卡片内容与实物相符的关键措施。在完成出货后，保管员需要对卡片上的结存数量和实际库存结存数量进行核对，确保卡片上的余额与实际仓库中所存款项相符。在配件出库前，如果发现卡片结存数与库存实物不一致，则必须彻底核实妥善解决，否则禁止出库。此外，保管员需要密切监督盘点流程，确保定期进行月度、季度或半年度的仔细盘点，以充分筛查并核对每一个细节。在日常管理中，保管员应该加强对流动配件的监控，定期检查配件的情况，一旦发现问题，要立即与业务部门沟通，找出原因并及时处理，以确保配件库存与账面记录的一致性。

要实现便捷的服务，必须从配件的堆码开始精心安排。这涉及将配件按照不同车型、规格、价格、产地和含量配件分类，并确保所有商品标志都面向外部，以及在设置堆与堆之间的距离时遵守“五五堆码”规则。如果批量比较大，就要建立分卡，力求整数，并分层标明细数，便于做到过目成数，使发货、核对更为方便。

（三）配件出库

配件出库是根据销售部门提供的配件出库凭证（如提货单），库房有条不紊地按照所列明的配件编号、名称、规格、型号、数量等详细信息组织配件出库工作。

将配件从库房中取出是配件库房管理的最后一步，标志着配件库房里的配件存储结束。为了确保配件准确、及时、保质保量地发给客户，当配件出库后直接面对使用单位时（如汽车维修企业），须严格按照库房管理要求办理一系列的出库手续。在进行配件出库时，库房如果未接到相关出库凭证，则不得进行翻账、备货、出库等操作。只有在核实了出库凭证、核对了库房的配件账卡和实物后，方可办理出库手续。在出库操作前，保管员必须进行配件品名、规格、包装和件数的认真核对。完成配件出库需要进行以下几个过程：

1. 核单备料

在进行配件备料前，保管员需要认真核查配件出库凭证的合法性和真实性，确保配件的名称、型号、规格、单价和数量与凭证上所列的一致。只有在核实凭证的有效性和配件的准确性后，才能开始备料。

2. 复核

出库的核查不会只做一次，需要复核。在确认已经准备好配件后，按照出库凭证再次核对确认，以确保出库配件的品种、数量和质量均符合要求，没有出现任何错误。

3. 点交

在确认配件清单与相关单据无误后，保管员应当面核对配件并将其交给提货人，以完成配件交接的出库手续。

4. 包装

在复核和点交配件后，保管员还要根据配件的外形特征，为其选择包装材料，以配件的材质、重量和尺寸为依据进行包装。包装能够确保在输送过程中组件的安装和搬运变得更加方便。在包装完成后，包装箱需要标明配件的名称、数量、收货单位和发货单位等信息。

5. 登账

经过点交、包装后，保管员须记录配件的实际出库数量和出库日期等信息，并在出库单上签名。接下来，保管员应把出库单和相关凭证交予客户。

复核和点交是整个配件出库流程中至关重要的环节。复核能够有效预防保管员可能出错和出现失误的情况。点交有助于明确责任的归属，清晰地界定企业与客户之间的责任关系。

三、库房盘存

为了确保库存中零配件数量充足并避免出现库存短缺、盘点错误或过度储存的情况，需要进行库房盘存，掌握零配件变化情况。在盘点过程中，管理员的任务是核对库存数量与账目记录是否一致、检查入库和出库过程是否有误，以及确认是否存在存货积压、货物损坏和过期等情况。为了解决盘点中的问题，保管员必须安排重新检查并进行原因分析，及时采取措施。库存盘点包括永续盘点、循环盘点、定期盘点和重点盘点等。

（一）永续盘点

永续盘点是指保管员每天对有收发动态的零配件进行盘点，以便及时发现问题，避免出现收发差错。

（二）循环盘点

循环盘点是指保管员对管辖物资进行分类，根据物资的重要性和紧急程度，制订月盘点计划，每天逐一盘点。

（三）定期盘点

定期盘点是指定期成立清仓盘点小组，对存货进行全面的清查和盘点，制作相应的库存清单。

（四）重点盘点

重点盘点是为了特定目的而对仓库物资进行检查，常根据季节变化或工作需要而定。

（五）合理储耗

针对容易挥发、潮解、散失、风化的物资，一些储存耗损被允许。只要确保储存情况在适当的规范内，保管员即可填写“合理储存报告”，经过相关部门批准后，提交给财务部门进行核销。通常情况下，计算储存消耗量每季度一次。

如果货物的耗损量超出了合理范围，就要对这部分数量做盘亏处理。对于由人为原因造成物资丢失或损坏的情况，不能被算入储耗量中。应在配件损失的情况下，保管员应向相关部门汇报事故原因，包括盗窃、火灾、水灾、地震自然灾害和仓库工作人员职责失误等因素

1. 盈亏报告

如果在盘点时发现库存出现损益情况，则需多次核实，找到出现这种情况的原因，明确责任。保管员需要填写一份“库存物资盘盈盘亏报告单”，经由仓库负责人审核签字，按照规定处理。在进行盘点时，相关人员需要检查是否有本企业暂时不需要的或多余的配件，发现后及时将这些配件调拨给其他有需要的单位。

2. 报废削价

三种情况需要报废削价，一是因管理不当，导致零部件沾上霉菌、变质、生锈的；二是由于收发和保管问题，该配件已经遭受损坏，部分或全部失去了使用价值的；三是由于技术的落后需报废的零部件。这些经过相关部门的检验认定无法继续使用的配件，应由保管员填写“物资报废单”，向上级申请，获得报废审批。备件需要被降价处理。

第三节　汽车 4S 店配件仓储管理

一、仓储管理的目标和保管成本

（一）四大目标

1. 财务目标

仓储投资的财务能力与汽车 4S 店在整车销售和维修服务方面的整体发展取得平衡。

2. 财产保险目标

防止仓储被盗或火灾等意外事故发生，避免出现未经保险的损失。

3. 经营目标

在客户满意度和仓储管理费用之间取得平衡。

4. 利润目标

在财务能力与客户满意度平衡的前提下，追求利润最大化。

（二）五种仓储保管成本

1. 利息费用

汽车 4S 店用钱购买配件，不管钱是自己的还是借贷的，都要付出利息，因此汽车 4S 店应努力使仓储保持均衡。

2. 场地费用

配件经营和仓管需要场地，这是一项主要费用，如水、电、气、房屋维修和其他费用。

3. 保险费用

保险费用随着仓储价值的增加而增加。为了避免受火灾、盗窃等对库房造成的损失，汽车 4S 店必须投保。

4. 人员费用

汽车 4S 店要雇用管理人员、经营配件，需产生费用。

5. 管理费用

管理费用是指在经营管理过程中，为达到管理效果，而支出的必要费用。

二、仓储模式的分类

以规范的销售价格销售配件的速度是衡量仓储管理是否成功的主要指标。此种状况称为“销售运动”，可以表明 4S 店采购 / 订货的优劣程度。汽车 4S 店要记录过去 12 个月的销售仓储配件额，记录进货和销售日期，然后统计列表，如表 3–3–1 所示。

表 3-3-1　销售仓储配件额

配件销售日期	销售价值	百分比（%）
0～3 个月	30 000	50
3～6 个月	18 000	30
5～12 个月	7 500	12.5
12 个月以上	4 500	7.5
合计	60 000	100

（一）销售运动的形状——圆锥形

圆锥形的销售运动表示仓储管理处于最理想的销售运动状态。有 50% 的仓储配件在 3 个月内销售出库，有 10% 以下的配件在 1 年以后售出，这表明仓库管理优良，利润大，保管成本极低。

（二）销售运动的形状——三角形

三角形销售运动是最差的状态，表示在短期内售出了很少的配件，大部分配件在 1 年以后才售出，增加了保管成本和配件的老化度。

（三）销售运动的形状——马鞍形

马鞍形销售运动表示某种程度的成功，30% 的配件在 3 个月内销售完成，马鞍形的底部有大量的仓储积压，表示仓储逐步沉淀，配件老化的可能性在加大。

（四）销售运动的形状——腰鼓形

腰鼓形销售运动表示采购太超前，仓储有短期积压，资金周转速度慢。

三、仓储费用的核算

仓储费用核算与仓储成本核算从本质上讲基本一致。仓储成本核算的内容主要有两部分：一是按各项业务量归集和分配的各项费用；二是核算经营中的各项业务量，如汽车配件仓储量、出入库量。

（一）仓储费用内容

仓储费用内容包括工资、福利费、保管费、燃料费、养路及过路费、折旧费、家具用具摊销、保险费、修理费、其他费用。

（二）仓储费用的核算

1. 测算业务量

测算业务量是指通过调查、分析、预测等方法核定出各项业务量，作为费用核算的依据。测算业务量的内容：计算最高业务能力。在计算时，必须依据库房和货场堆货面积、汽车配件堆码高度、每件汽车配件的平均体积、每件汽车配件的平均重量等几个方面数据，调查历史资料，分析预测变化因素。

2. 测算费用支出

测算费用支出是指对一定时期各项业务量的全部费用进行调查、分析、预测，从而确定用以计算成本的各项费用。测算费用支出需确定的内容：调查费用支出的各项历史资料和原始资料，分析预测变化因素。

通过上述测算业务量和费用支出的全部资料，即可算出核定企业仓储总成本和各项成本数据，用以计算各项计划成本。

四、仓储费用的节约

节约仓储费用的途径主要有以下几个：

（一）充分发挥仓库的使用效能

仓储部门必须在保证汽车配件安全的前提下，千方百计挖掘仓库潜力，认真革新技术，改进堆码方法，努力提高仓容利用率。

（二）提高劳动效率

要做到这一点，首先，要在仓库实行经济核算制和定额管理，坚持按劳分配的原则，充分调动全体员工的积极性和创造性。其次，采用先进的科学技术，大力开展技术革新和技术改造，如计算机管理、自动化立体仓库、自动报警灭火装置、吸潮机等。最后，加强人才培养，努力提高员工队伍素质。

（三）加强汽车配件养护工作

要减少配件损耗，一是要把好汽车配件验收入库关、防止问题汽车配件混入仓库；二是要加强在库管工作，加强温湿度管理，防止虫蛀、鼠咬，把损耗降到最低；三是要定期盘点，清仓挖潜，做到先进先出，对问题汽车配件采取积极措施，及时处理，努力减少费用。

第四章　汽车 4S 店销售管理

本章主要对汽车 4S 店销售管理进行介绍，内容共分五节，分别是汽车 4S 店销售队伍建立与日常管理、汽车 4S 店整车销售市场分析、汽车 4S 店整车销售价格定位、汽车 4S 店促销与宣传、汽车营销创新与人才能力要求。

第一节　汽车 4S 店销售队伍建立与管理

人才的竞争是企业竞争的核心，人力资源开发是汽车 4S 店发展的关键。如果汽车 4S 店没有满意的员工，就不会有满意的客户，汽车 4S 店销售人员在汽车营销过程中处在特殊的岗位，要同时服务于公司和顾客。一方面，他们代表汽车 4S 店与客户接触，将汽车产品和服务信息传达给客户，向客户介绍产品，回答问题，谈判价格，最后成功售出汽车，并为客户提供相关的售后服务。另一方面，他们要为汽车 4S 店做市场研究和情报工作，填写销售报告，将客户对产品的意见和建议传达给汽车 4S 店的相关部门，与其他人员共同提高顾客满意度。所以，汽车销售人员要懂管理、懂营销、懂技术，素质好，作风硬，适应能力强。

一、汽车销售人员的素质与培训

（一）汽车销售人员应具备的素质

汽车销售人员所具有的素质是营销成功的关键。

1. 态度热忱，勇于进取

汽车销售人员要了解顾客的需要，解决顾客的困难，当好客户的顾问，创造推销的机会。

2. 求知欲强，知识广博

业务知识包括：

（1）企业知识

历史和现状、地位、规划、利润目标、产品及定价策略。

（2）产品知识

产品性能、用途、用法、维修及管理程序。

（3）用户知识

购买动机、习惯、时间、地点、方式。

（4）市场知识

现实用户和潜在用户数量、需求量及趋势、市场竞争情况。

3. 文明礼貌，善于表达

汽车销售人员的推销技术要熟练，要具有良好的举止风度和工作作风。首先，要创造魅力。推销员的魅力在于博闻强记、能言善道。其次，要有修养。要自我管理，有必胜的信心，设定目标，有责任感，懂礼貌，喜怒不形于色；有成本意识，守时守信，遵守公司规定，具备推销技巧。

4. 富于应变，技巧娴熟

汽车销售是指销售人员向客户介绍汽车产品，满足客户的特定需求，最终达成交易的过程。汽车销售工作具有一定的挑战性，由于单件价格相对较高，比起一般商品的销售，汽车销售的难度更大，对销售人员的要求也更高。要想成为一名优秀的汽车销售人员，销售人员除了要具备诚心、耐心、虚心及敬业精神外，还要掌握一定的营销知识和销售技巧。最重要的是，由于汽车产品技术含量较高，需要销售人员具备一定的汽车方面的专业知识，还要在销售过程中不断学习和提高。对于汽车 4S 店而言，在选择汽车销售人员时，尽量选对爱好汽车有兴趣的人，这决定了销售人员今后能否有长远的发展。

（二）汽车销售人员的培训

1. 培训的目的

培训的目的是保证汽车 4S 店各岗位人员在思想上和专业技能上能满足其岗位职责的要求。因此，汽车 4S 店应根据组织机构和岗位职责要求，对各岗位的人员制订相应的培训计划，有专职人员负责企业的培训管理工作。

2. 培训课程规划

汽车 4S 店应根据实际情况，建立各岗位的标准课程培训表。标准培训课程包括以下两部分：

（1）公共培训课程

公共培训课程包括：企业背景、企业文化、组织机构、规章制度、商品车和备件基础知识、汽车行业的相关法律法规等内容。

（2）岗位培训课程

岗位培训课程包括：一是基础培训课程，即该岗位员工上岗时必须完成的培训课程，是岗位资格认证的基础条件；二是进阶培训课程，即该岗位员工上岗后 1 年内必须完成的培训课程，培训的完成情况将作为员工绩效考核的依据之一。

在培训过程中，培训人员要引导销售人员主动了解企业的产品。如果条件允许，汽车 4S 店最好组织被培训的销售人员参观汽车产品或零部件的制造过程，切身体会其性能和用途，目的是让销售人员对所售汽车产生自信，对今后的推销将起到至关重要的作用。

销售人员还需要了解客户特性。在培训过程中，要让销售人员了解不同客户的需求、购买动机和购买习惯，还要让他们学习如何分配时间给现有的客户和潜在的客户。销售人员必须知道如何进行有效的推销，他们要接受销售原理的培训。

为了增强竞争力，提高竞争意识，培训人员要让销售人员了解，细分市场内竞争者的策略，学习如何对比各种车辆的特性及如何提升本品牌汽车的形象。为了提升业务能力，销售人员必须实地了解销售的程序，学习汽车贷款、汽车保险理赔、二手车交易、售后保修、售后服务等方面的知识。凡是客户要面对的问题，销售人员都要事先知道该如何解决和处理。另外，销售人员的气质、风度、礼仪、社交能力等综合素质也要经过必要的培训。

3. 培训手段

企业可采用入职集中培训、员工自学、公司内部在职培训、外部培训相结合的培训手段。

二、汽车销售队伍的组织管理

销售人员的组织和管理，包括对销售人员的招聘、选拔、培训、委派、报酬、激励和评价等。销售人员一旦进入销售企业，企业就要更好地调动销售人员的工作积极性，让他们为企业创造最大价值。

（一）委派

委派是指即对销售人员的工作进行安排。即在销售队伍规模既定的条件下，销售人员如何在面对面销售、电话销售、接听顾客电话、处理行政事务等方面分配时间。现在很多汽车 4S 店都推广使用销售人员自动化工作系统。计算机管理的销售操作能更好地登记订货交易，改进顾客服务，提供更好的销售人员决策支持。销售人员利用计算机来登记客户和潜在客户的情况、分析和预测销售额、管理客户关系、安排访问时间、登记订单、检查存货和订单状态、编制销售和费用报告、处理往来信函等。这为委派工作制订更细致的工作计划提供了保证。

（二）激励

激励在管理学中被解释为一种精神力量或状态，起加强、激发和推动作用，引导行为指向目标。企业为了实现预期的销售定额，要采取一定的措施鼓励销售人员，具体包括送礼品、发奖金、旅游等，其中，最常见的激励方式是销售定额考核和薪酬制度。

1. 销售定额考核

销售人员的报酬与销售定额直接相关。大多数企业对销售人员的业绩采用可量化的方法进行考核，可量化的考核主要可分成可变定额考核和定额考核两种。可变定额考核是指按销售人员的实际销售额（或量）来衡量业绩，即按卖出整车的数量或总金额来进行考核，就是按绝对数考核。定额考核是指给每个销售人员制定一个基本销售额（或量）为定额，销售人员业绩的衡量更注重以超过基本销售额部分来计算，基本销售额的制定一般要考虑销售区域规模、产品线特征、宏观经济环境等情况。

2. 薪酬制度

薪酬制度是指企业根据销售额或利润额的大小，给予销售人员固定的或根据情况可调整比率的报酬。薪酬制度能激励销售人员尽全力工作，使销售费用与现期收益紧密相连。企业还可根据产品、工作性质给予销售人员不同的薪酬。

不同的企业会根据具体的情况制定不同类型的薪酬制度。销售人员薪酬的基本算法有：底薪制、底薪加业绩提成制、底薪加业绩提成加奖金制，其中常用的是后两种。一般业绩提成的计算方法与业绩定量考核方法联系在一起。

（三）销售人员的评价

对销售人员的评价是企业对销售人员工作业绩考核和评估的反馈过程。它是分配报酬的依据，也是企业调整市场营销战略、促使销售人员更好地为企业服务的基础。

第二节　汽车 4S 店整车销售市场分析

作为社会的经济细胞，企业的营销活动不可避免地要受到企业内部和外部各种因素的影响，这些因素构成了市场营销活动的前提。研究汽车市场营销环境的是汽车营销活动的基本课题。分析汽车市场营销环境的目的，一要发现汽车市场环境中影响汽车营销的主要因素及其变化趋势；二要研究这些因素对汽车市场的影响和对汽车营销的制约；三要发现在这样环境中的机会与威胁；四要善于把握有利机会，避免可能出现的威胁，发挥汽车市场营销者的优势，克服劣势，制定有效的汽车市场营销战略和策略，实现汽车市场营销目标。

一、汽车市场营销环境概述

（一）汽车市场营销环境的概念

汽车市场的营销环境是指在营销活动外，能够影响营销部门建立并保持与目标顾客良好关系能力的各种因素和力量。营销环境能为汽车市场提供机遇，也能造成威胁。成功的汽车 4S 店都知道，持续不断地观察并适应变化的环境非常重要。

（二）汽车市场营销环境的特点

汽车市场营销环境主要包括宏观环境和微观环境。在当代世界汽车工业发展过程中，宏观环境和微观环境的变化对汽车企业的影响越来越大。汽车市场营销环境具有以下特点：

1. 差异性

汽车市场营销环境的差异性不仅表现在不同汽车企业受不同环境的影响，还表现在同样一种环境因素对不同汽车企业的影响也不相同。因此，汽车企业为适应营销环境的变化所采取的营销策略各不相同。

2. 多变性

构成汽车企业营销环境的因素是多方面的，每一个因素都随着社会经济的发展而不断变化。这要求汽车 4S 店根据环境因素和条件的变化，不断调整营销策略。

3. 相关性

汽车市场营销环境不是由某一个单一的因素决定的，还要受到一系列相关因素的影响。如汽车价格不但受市场供求关系的影响，还受科技进步水平和国家汽车相关税费的影响。

4. 动态性

汽车市场营销环境在不断地变化。从总体上说，当今汽车市场营销环境的变化速度呈加快趋势。可以说，每一个汽车企业作为一个小系统，都与市场营销环境这个大系统处在动态的平衡中。一旦环境发生变化，平衡便会被打破，汽车 4S 店必须积极地适应这种变化。

二、汽车 4S 店整车销售市场营销宏观环境分析

（一）世界汽车整车销售市场营销宏观环境分析

1. 政治文化环境约束减弱

世界汽车整车销售市场竞争越来越激烈，发达国家汽车市场越来越成熟，世

界经济联合趋势越来越明显，政治与文化环境对世界汽车工业发展的制约已经越来越弱。世界汽车生产和消费不再集中在三大基地（北美、西欧、日本），而是呈现多极化发展的趋势。同时，各国不同的社会制度和文化背景不再是世界汽车企业投资的障碍。

2. 政策制度环境已臻成熟

（1）税费政策环境倾向明显

近几十年来，世界各主要工业发达国家的汽车税费政策已经有了很大的变化。其主要趋势是：汽车税费征收目的“绿色化”、征收对象差别化、征收手段多样化，以适应全球保护大气环境、节约能源、维护交通安全的需要，并在总体上体现出“鼓励购买、抑制税费”的汽车税费思想。

（2）技术政策环境趋于严格

各国政府为了保证汽车的安全性、经济性和洁净性等性能，纷纷推出了汽车安全技术法规、油耗控制法规和汽车排放控制法规等一系列严格的技术法规。促使汽车生产企业在技术进步方面增加投入，并产生了巨大的社会和经济效益。

（3）汽车回收制度方兴未艾

近年来，汽车回收创造了可观的经济效益，环保事业的兴起，正日益受到各国的重视。

3. 相关行业联动效应显著

汽车产业如火如荼，与其相关的行业也会被带动起来。汽车俱乐部、因其形式多样、内容丰富，吸引了许多爱车族。还有的汽车俱乐部集销售、维修、租赁、旅游于一体，极具浓厚的商业服务气息。汽车模特、汽车美容等相关行业也纷纷兴起。尤其是汽车美容业因其具有投资灵活、操作简便、利润丰厚、风险较低等特点，受到广大商家的青睐。

4. 对本国汽车业的保护成为政府行为

汽车工业在许多国家是国民经济的支柱产业。一些国家为了保护和发展汽车工业，通过关税和非关税壁垒来限制外国汽车产品的进口，并采取各种措施奖励出口，如出口信贷、提供低息贷款、减免国内税收等，以便加强本国汽车产品在国际市场的竞争力。

（二）我国轿车市场营销宏观环境分析

①减征乘用车车辆购置税。

②开展“汽车下乡”活动。

③加快老旧汽车报废更新。

④清理取消限购汽车的不合理规定。

⑤促进和规范汽车消费信贷。

⑥规范和促进二手车市场发展。

⑦加快城市道路交通体系建设。

⑧完善汽车企业重组政策。

⑨加快技术进步和技术改造投资力度。

⑩推广使用节能和新能源汽车。

⑪落实和完善《汽车产业发展政策》。

三、汽车整车销售市场营销微观环境分析

汽车企业不仅要注视汽车市场营销宏观环境的变化，而且要了解汽车市场营销活动的所有微观环境因素，这些因素影响汽车市场营销目标的实现。

（一）汽车整车销售市场营销微观环境的内容

汽车整车销售市场营销的微观环境通常是指企业的内部环境、供应商、营销中介机构、消费者、竞争者、公众等要素。

1. 汽车 4S 店的内部环境

汽车 4S 店的内部环境是指汽车 4S 店的类型、组织结构和企业文化等因素。汽车 4S 店内部环境，对企业市场营销的工作效率有着十分重要的影响。因此，汽车 4S 店的管理者应强化汽车 4S 店的管理，为汽车 4S 店的市场营销创造良好的营销内部环境。

2. 供应商

汽车生产所需资源的供应商是汽车市场营销微观环境的因素之一，他们与汽车制造商达成协作关系。供应商向汽车生产企业提供生产所需的资源，包括汽车

零部件、设备、能源、劳务、资金等。供应商对汽车市场营销的影响很大，其所提供资源的价格、质量和供应量，直接影响着汽车产品的价格、质量、销量和利润。因此，汽车 4S 店应从多方面获得供应，不应依赖于单一的供应商。

3. 营销中介机构

营销中介机构是指协助汽车 4S 店从事市场营销的组织和个人，包括中间商、实体分配公司、营销服务机构和财务中间机构等。营销中介机构对企业市场营销的影响很大，关系到汽车 4S 店的市场范围、营销效率、经营风险、资金融通等。汽车 4S 店应重视营销中介机构的作用，获得它们的帮助，弥补企业市场营销能力的不足，不断改善企业的财务状况。

4. 消费者

汽车市场营销微观环境中的第四个因素是消费者，即目标市场。这是汽车产品的最终销售对象。消费者是企业产品或劳务的购买者和使用者，是企业服务的对象，包括个人、家庭、组织机构、企业和政府部门。消费者有不同的国籍、不同的民族、不同的阶层、不同的年龄和性别；消费者在购买商品时具有不同的使用目的和偏好；消费者的购买能力和消费趋向常有改变。消费者环境是企业最容易施加影响的，也是最难以掌握的。

5. 竞争者

若干企业组成行业，同行业的各个企业必然成为竞争对手。一家企业不应该完全垄断一个行业，要保持竞争的局面以促使整个行业的进步和发展。企业的营销活动是在竞争对手的包围和制约下进行的。汽车 4S 店的竞争者既有国内的同行企业，也有强大的国外跨国集团。

企业间的竞争是在多方面展开的，包括产品的研究和开发、供应商的控制与合作、生产制造过程的比拼、市场营销活动的展开、服务系统的到位，以及成本控制和财务管理的水平。

6. 公众

公众是指对企业实现其目标的能力感兴趣或有影响力的社会团体和个人。企业周围的公众包括金融界、政府机构、行业协会、新闻媒体、社会团体、企业职工和一般公众。

（二）汽车 4S 店市场营销微观环境的分析

汽车 4S 店市场营销微观环境存在着一定的不可控性，对企业的市场营销影响要直接得多。

1. 供应者环境分析

供应者环境因素对汽车 4S 店营销的影响很大，汽车生产企业所提供资源的品质、价格、数量、及时性，直接影响产品的价格、销量和利润。汽车 4S 店的营销人员应对供应者环境有全面的了解和分析，充分利用供应者的优势力量，来提高汽车 4S 店的竞争能力。一般按照供应者与企业的合作关系把供应者分为以下两类：

（1）寄生关系供应者

一定程度上，汽车 4S 店将这一类供应者视为竞争对手，在合作中要尽可能地减弱供应者的讨价还价能力，以获得更大的利益。

可以采取如下措施：

①对于同类资源选择多家供应者，择优进货，尽量减少对某一个供应者的过分依赖。

②积极开发、寻找替代品供应者，以降低原供应者的讨价还价能力。

③建立延伸上游的生产能力，表明有潜力成为供应者的直接竞争对手。

④控制必需资源的开发技术，从技术角度控制供应者。

⑤选择中、小专业供应者，购买其绝大部分货源，从而增加供应者对汽车 4S 店的依赖。

⑥寄生关系供应者固然易于控制，但长期使汽车 4S 店处于能力不强的地位。

（2）共生关系供应者

汽车 4S 店可以将这一类供应者视为伙伴，通过谈判以互利的方式形成长期合作关系；鼓励供应者建立强有力的研发能力，形成多家企业供货的能力。

汽车 4S 店采取的措施有：与供应者确定长期合作关系，有助于企业更好地对库存、运输、供货计划进行规划和安排；与供应者共同研究、开发，提高供应者的新技术应用水平和供货品质；分担供应者的供货风险，给予资金支持、技术支持或保证订货量；鼓励供应者帮助汽车 4S 店为顾客服务，为市场提供纯正配件。

企业在进行供应者环境分析中，应充分掌握以下信息：主要供应商资料；各供应商产品的分析数据，如品质、寿命、价格、供应稳定性等；了解企业所购物品在供应商营业额中所占的比率，以及供应商供货的兴趣和能力；能否与同行企业包括竞争对手联合确定共同的供应商，以提高供应品的品质，降低成本。

2. 营销中介机构环境分析

营销中介机构对汽车 4S 店的营销起着十分重要的作用。

（1）中间商

中间商可以帮助企业寻找客户并直接与客户进行交易，完成产品从制造厂家向客户的转移。

（2）实体分配公司

实体分配公司又称为“销售渠道物流公司”，是专门储存和保管企业商品的仓储、运输公司。在我国有独立的实体分配公司、依附于中间商的实体分配公司和依附于生产厂家的实体分配公司。

目前以依附于中间商的实体分配公司居多，其优点是可以分担企业库存的压力。许多汽车企业都建立了自己的物流公司，由于其规模大、分配合理、便于企业调配资源，可以降低客户购买汽车的价格。

（3）营销服务机构

营销活动中的调研、咨询、策划工作都十分重要。营销服务机构能够协助汽车 4S 店选择目标市场，策划营销计划和具体实施步骤。

在我国有独立的市场调研和营销咨询机构，有著名媒体下设的相关公司和生产企业自设的营销服务机构。

独立的服务机构专业水平高，工作成果可信度高，有较大的咨询规划能力。著名媒体设立的服务机构常常与广告策划紧密联系在一起。对于有众多产品的大型企业来说，自设营销服务机构是必需的，该机构能充分掌握营销信息，统一进行筹划和宣传。

企业在营销活动中，常常将上述三种力量相互搭配使用，起到了效益好、花费少的作用。

（4）金融中介机构

金融中介机构包括银行、信贷公司、保险公司等，其作用是融通资金、促进消费和消费保障等。银行是企业融通资金的主要渠道。

消费信贷在我国消费领域已十分成功，汽车消费信贷刚刚开始，汽车企业与银行信贷公司的联合信贷业务将大大促进汽车的个人消费。

第三节　汽车 4S 店整车销售价格定位

价格是产品价值的货币表现。确定产品价格是市场营销过程中一个非常重要和敏感的环节，也是汽车市场竞争的重要手段。它直接关系着产品被市场接受的程度，影响着生产者、经销者、客户等多方利益。价格策略是指根据营销目标和定价原理，针对生产商、经销商和市场需求的实际情况，在确定产品价格时所采取的各种具体对策。价格策略是市场营销组合中极其重要的部分。定价策略既要有利于促进销售、获取利润、补偿成本，又要考虑汽车消费者对价格的接受能力，使汽车定价具有了买卖双方双向决策的特征。

一、汽车价格综述

（一）汽车价格的构成

汽车价格的构成是指组成汽车价格的各个要素及其在汽车价格中的组成情况。汽车价值决定了汽车价格，汽车价格是汽车价值的货币表现。在现实汽车市场营销中，受汽车市场供应等因素的影响，汽车价格表现得异常活泼，价格时常同价值的运动表现不一致：有时价格高于价值，有时价格低于价值。在价格形态上的汽车价值转化为汽车价格构成的要素有四个。

1. 汽车生产成本

汽车生产成本是指在汽车生产企业生产一定数量汽车产品，所消耗的物资资料和劳动报酬的货币形态，是在汽车价值构成中的物化劳动价值和劳动者所创造的用以补偿劳动力价值的转化形态。它是汽车价值的重要组成部分，也是制定汽车价格的重要依据。

2. 汽车流通费用

汽车流通费用是指汽车产品从汽车生产领域通过流通领域进入消费领域，所耗用的物化劳动和劳动的货币表现，包括汽车生产企业为了推销产品发生的销售费用和在汽车流通领域发生的商业流通费用，后者占了该费用的大部分。汽车流通费用是汽车价格的重要构成因素，与汽车移动的时间、距离相关。

3. 国家税金

国家税金是生产者为社会创造和占有的价值的表现形式，也是汽车价格的构成因素。国家通过法令规定汽车的税率，进行征收。税率的高低直接影响汽车的价格。税率是国家宏观调控汽车生产经营活动的重要经济手段。

4. 汽车企业利润

汽车企业利润是汽车生产者和汽车经销者为社会创造和占有的价值表现形态，是汽车价格的构成因素，也是企业扩大再生产的重要资金来源。

（二）影响汽车产品定价的主要因素

价格是一个变量，受到许多因素的影响，包括企业的内部因素和外部因素。内部因素主要是定价目标、产品成本、产品特点、分销渠道和促销策略等，外部因素主要是市场的供求关系、货币流通状况、竞争状况、政策环境和社会心理等。在定价时，必须对这些因素进行分析，认识它们与汽车产品价格的关系，再据此选择定价策略。

1. 定价目标

企业在为产品定价时，必须有明确的定价目标。不同的汽车企业的具体情况不同，采取的定价目标也可能有所差别。企业定价的目标主要有以下几个：

（1）以利润为导向的汽车定价目标

①以维持企业生存为导向的目标。当汽车企业遇到生存能力过剩或激烈的市场竞争要改变消费者的需求时，汽车企业要把维持生存作为主要目标。当企业以维持生存为目标时，宜定低价以吸引用户，这时价格只要能收回可变成本和部分固定成本即可。显然，这种定价目标只能是企业的短期目标。从长期来看，企业必须改善生产经营状况，谋求利润和发展，否则企业终将面临破产。

②以利润最大化为导向的目标，即汽车企业期望获取最大的销售利润。采用

这种定价目标，要求被定价产品市场信誉高，在目标市场上占有优势地位。因而，这种定价目标比较适合处于成熟期的名牌产品。具体做法是通过预测，得到几种不同价格和与其相应的需求量，结合不同需求量的产品成本综合比较后，从中选择一个可以使企业取得当期最大利润的价格。最大利润既有长期和短期之分，又有汽车企业全部汽车产品和单个汽车产品之别。一般来说，汽车企业追求的是长期利润的最大化。在某些特定情况下，汽车企业也有可能通过汽车价格的提高来追求汽车企业短期的最大利润。

③以目标利润为导向的目标，即汽车企业希望获取预期的利润目标。以目标利润作为汽车定价目标的汽车企业，应具备较强的竞争实力。

（2）以保持或扩大市场占有率为导向的目标

市场占有率是企业经营状况、产品竞争力的直接反映，企业的产品只有在市场上占有一定份额后，才能有较强的市场控制力，享受到更大的规模经济效益，从而获得更高的长期利润。因此，不少企业宁愿牺牲短期利润，以保证和提高市场占有率，确保长期收益，即"放长线，钓大鱼"。为此，企业就要实行全部或部分产品的低价策略。这种定价目标比较适合新产品或不为市场所熟悉的产品。但是，必须指出，价格只是提高市场占有率的一个重要但非决定性的因素。在更多的情况下，市场份额的增加要通过非价格因素的竞争。

（3）以竞争为导向的汽车定价目标

外部因素会对企业定价决策产生影响，其中之一是竞争对手的成本、价格，以及对企业定价策略可能作出的反应。为确保汽车定价合理，企业通常需要全面了解市场情况，对比自家汽车与竞争者在性能、质量、成本等方面的差异，参考行业的领军企业或竞争对手的定价情况，以此为基础制定本企业汽车的价格。

（4）以汽车质量为导向的汽车定价目标

一些企业的经营策略是以高品质的汽车产品占据大份额的市场，希望通过高定价带来高回报。这个定价目标一般与享有高声誉的汽车产品比较契合，能够提升企业服务客户的水平。

（5）以汽车销售渠道为导向的汽车定价目标

一些汽车生产商需要通过中间商来销售产品，这些企业更加看重销售渠道的畅通情况，这有助于这些企业获得良好的经营成果。为了确保有更加可靠的销售渠道，汽车价格对中间商的影响因素和结果是必须考虑到的，要充分考虑中间商利益的，确保中间商获得合理的利润。这样才能够激发中间商的积极性，推动汽车销量的增长。

2. 汽车成本

为保证汽车企业的持续运营，在市场销售中，企业不仅需要降低汽车经营成本，还需要获得一定的盈利。

生产成本低的汽车企业，拥有更大的定价灵活性，这样使其能够在市场竞争中获得优势地位，从而获得更好的经济效益。基于此，企业应该把降低成本视为战略行动，而不是战术行动，以此来经营企业。

3. 市场的供求关系

价值的方向、程度和力度是由市场上商品或服务的供需关系所决定的，这一关系也决定了价格是否符合商品的真实价值。价格的变动和供求关系的变化是相互影响的，它们之间存在着一种相互作用的关系，价格变动对供求关系产生影响，供求关系的变化也反过来影响价格的运动。市场经济的基本规律是供需关系，即市场需求低于产品供给数量时产品价格会下降，市场供应不能满足市场需求时产品价格会上涨。

产品定价受到消费者需求的影响，这一影响可以从需求的强度和层次来体现。需求强度是指消费者对某种产品的渴求程度或强烈程度。如果消费者迫切需要某种产品，那么对产品的价格就不是很敏感，因此，企业在定价时可以考虑将产品价格定得更高一些。相反，产品价格就应该降低一些。

4. 社会经济状况

产品价格的波动受经济社会情况的多方面影响。市场的兴旺与衰退，以及价格总水平的波动，都受到社会经济周期性变化的直接影响。通常情况下，随着经济快速发展和人们收入的快速增长，需求也会随之膨胀，这可能导致物价总体上涨。在经济调整时期，经济增长速度减缓，人们的收入增长相应缓慢，这可能会导致有效需求不足的情况发生、物价整体保持稳定。在经济兴盛时期，人们的薪资水平增加很快，货币购买力会增强，人们对价格的变动就会不那么敏感，这有利于企业自由定价。

5. 国家的价格控制政策

定价不仅是企业极为关键的一环，从国家层面来看，也是政府协调各种经济关系、促进整个经济有序健康发展的举措。

二、汽车产品的基本定价方法

定价法通常分为三类，分别是以成本为导向的定价法、以需求为导向的定价法、以竞争为导向的定价法。

（一）以成本为导向定价法

以成本为导向的定价法是指以成本为基础，根据成本，由卖方意愿决定定价。这种定价方法在设定价格时，必须优先覆盖企业在市场营销中的全部成本，然后再考虑盈利。

1. 成本加成定价法

成本加成定价法是指在产品的单位成本上加上一定比例的期望利润，作为产品的售价。利润是指销售价格扣除成本后的剩余金额。利润按照预定比例计算，称为“加成”。

采用成本加成定价法进行定价，关键在于确定合理的加成率。针对不同的汽车产品，需要根据它们的性质、功能、特点、市场环境和行业情况等因素，制定个性化的加价比例。通常情况下，汽车被视为高档消费品，因此，适当调高加成比率是合理的做法。

成本加成定价法的优点是简单、便于操作。通过将价格控制在成本范围内，企业可以更加简化定价过程，不需要频繁根据市场需求变化调整价格，减轻了价格竞争的压力。但这种定价方法缺乏综合考虑，只考虑了卖方的利益，没考虑企业成本、市场需求和竞争等因素。加成率的准确性不够可靠，缺乏严谨性和科学依据。

2. 盈亏平衡定价法

企业为了实现收支相抵，在一定的销售量下，必须将产品价格制定到一定的水平，以达到盈利与亏损相平衡的状态。这时的销售量被称为盈亏平衡点。这一方法被称为盈亏平衡定价法。在预测销量的基础上，考虑已知的固定成本和可变成本，才能确定盈亏平衡点的价格。如果企业能够完成预计的产品销售量，就能够实现成本与收入相平衡；如果超过预期的销售量，可以获得盈利，反之亏损。

3. 目标收益定价法

以目标收益为导向的定价法，称为投资收益率定价法，是指以企业的总投资额为基础，根据所设定的目标收益率来计算价格的方法。

目标收益定价法存在一个明显的不足，即在计算定价时，将估算的销售量作为计算依据，这种做法将价格与销售量的关系颠倒了，忽略了市场需求和市场竞争对价格的影响，把销售量视为价格设定的主要决定因素。如果销售量无法得到保障，那么投资回收期和目标收益都可能无法实现。这种定价方法更适用于那些需求稳定、供不应求的商品或者公用事业、劳务工程项目等，如果能够进行科学的预测，目标收益定价法仍然是一种有效的定价方法。

4. 边际成本定价法

每增加或减少单位产品，成本都会产生变化，这个变化量就是边际成本。由于变动成本的计算与边际成本相近，因此，在定价实践中，通常会使用变动成本替代边际成本。这种使用变动成本的定价法被称为边际成本定价法。

在边际成本定价法中，单位产品变动成本被视为定价的底线，同时考虑边际贡献来确定可接受的价格范围。企业以边际成本为基础进行定价，只考虑生产商品或服务的额外成本，并非所有成本，就是不包括一些固定的成本，只需要确保定价高于这些变动的成本，即可保证覆盖全部成本，获得收益。这种定价方式能够使企业实现预期的利润，以及弥补其全部成本。边际贡献是指企业销售额增加一个产品后，所增加的收入减去该产品的边际成本的差额。如果固定成本无法被边际贡献所补偿，则企业会亏损；相反，如果边际贡献足以覆盖固定成本，则企业会产生盈利。

（二）需求导向定价法

汽车需求导向定价法，是指基于消费者对汽车价值和需求的差异，汽车企业以满足消费者需求为核心，确定汽车价格，按照差别定价，而非仅基于汽车的生产成本。

1. 对汽车价值的理解定价法

理解定价法中的价值定位，是指汽车企业根据消费者对汽车的价值观念和需求定价，而非仅考虑汽车的生产成本等实际价值来制定售价。因此，在对汽车定价的策略中，先需要评估和测量营销组合中非价格因素对潜在客户的影响和认知价值的定位。

汽车的市场定位方法和定价方法是相互关联的，二者密不可分。它的做法是基于目标市场上汽车的质量水平和所提供的服务等方面来进行汽车定价，决定汽车的定价范围，预测在这个汽车价格水平下的销售量；通过分析汽车销售数据，可以计算出需要制造多少辆汽车、需要投入多少资金和每辆汽车的生产成本，通过利润计算来评估该车的合理价格，据此推测该车在市场上的表现。

使用汽车价值定价法时，企业一定要将自己的汽车产品与竞争对手的汽车产品进行比较，准确评估消费者对本企业汽车产品持有什么样的态度，以便找到真正准确的价值。因此，在制定汽车价格前，需要进行全面的市场研究，以确定消费者对汽车的价值观和需求，从而制定合理的起始价格。现阶段常用的评估方法包括直接评议、相对评议和诊断评议。

2. 对汽车需求的差别定价法

这种定价方法是根据消费者对汽车的需求程度不同而制定不同的汽车价格。这种定价方法的重点应该放在顾客需求的差异化上，将汽车成本的报销放在次要位置。这种汽车定价策略有助于汽车企业根据市场需求来定价，刺激汽车销售。

需求的差别定价法可归纳为以下三种情形：

（1）根据消费者不同来定差异化的价格

这是由于不同消费者对同一汽车产品的需求弹性存在差异。针对注重价格的消费者，汽车企业可以提供一些优惠措施，以便吸引消费者购买。对于价格不敏感的消费者，则可以按照标准价格售卖。

（2）根据消费者的喜好定价

因为消费者对同品牌、规格汽车的外观颜色和款式有不同的喜好，导致不同的汽车定价，以满足市场需求的差异。因此，根据这些花色、样式来制定不同的价格策略，可以吸引不同需求的顾客。

（3）根据汽车销售时间定价

根据汽车销售时间的不同，制定不同的售价，以获得最大的销售量。由于同一款汽车的需求量会随着销售时间的变化而发生变化，因此，企业可根据市场情况灵活调整价格。

总之，差异定价方法可以很好地体现不同消费者需求的变化，推动汽车企业提高市场份额，增加汽车产品的销售率。但是，使用这种定价法难以有效控制成本，准确估计需求的差异是一个难题。

（三）竞争导向定价法

竞争导向定价法是依据市场同类产品的品质和价格制定本企业产品价格的一种策略。使用这种定价法，即使产品的成本或需求发生变化，只要竞争对手的产品价格保持不变，该产品的价格也将稳定不变。这种定价方式的优点是定价简单，便于操作，所定价格具有竞争力。这种定价策略的缺点是价格较为僵硬，可能导致企业的利润较低。

在市场竞争激烈的情况下，企业采用竞争导向定价法是比较合适的选择。营销人员在推销产品时，需要特别关注客户的感受，让客户确信本企业的产品更符合他们的需求，这样才能成功推销产品并实现营销目标。当前，许多汽车制造商都采用这种策略。

在使用竞争导向定价法时，企业应了解竞争者的价格水平和产品质量，可从以下方面入手：获得竞争者的价目表；比较客户对价格的态度，如询问购买者的感受价值，以及对每一个竞争者提供的产品质量感觉如何；购买竞争者提供的产品，并与本企业产品进行比较，有必要的话，可以将竞争者的产品拆开来研究。一旦企业知道了竞争者的价格和提供的产品，就利用这些信息作为自己制定价格的一个起点。如果企业提供的产品与主要竞争者的产品类似，那么企业应将自己的价格定得接近竞争者，否则会失去销售额；如果企业提供的产品不如竞争者，那么企业的定价就应低于竞争者；如果企业提供的产品比竞争者的好，那么企业定价就可以比竞争者的高。

竞争导向定价法的具体方法有两种：随行就市定价法，是指按行业近似产品的平均价格定价，是同质产品惯用的定价方法，比较适合产品的成本难以估计、企业打算与竞争者和平共处、对购买者和竞争者的反应难以估计等情况；投标定价法，是指购买者采取公开的渠道或行业的相关渠道发布采购信息，邀请供应商在规定的时间内投标（招标）。有意参加投标的各供应商分别秘密地填写投标书内容，在规定时间内将填写的投标书交给招标人（投标）。招标人在公开或内部监督的条件下，于截止日揭开各供应商的投标书内容（开标），然后招标人根据各供应商填报的价格，并参考其他条件（供应商的产品质量、服务、交货期等）进行评议（评标），确定最终中标情况，宣布招标结果（结标）。事实上，投标者的报价就是在进行竞争性定价。

三、汽车产品的价格策略

在汽车领域，价格策略是影响企业汽车营销活动最重要的因素，在其他领域也是一样。即使企业已经充分考虑了各种影响因素，并使用了合适的定价方法，确定的价格仍然只是产品的基础价格。在实际营销中，企业需要以基本价格为基础，根据不同情形灵活变通，制定多样化的价格策略，以获得更有效的营销成果。

（一）新产品定价策略

1. 高价策略

高价策略的目标是为新产品设定相对较高的价格，这样可以在短期内获得高额利润，尽快收回投资。

高价策略的优势是：当汽车新产品首次进入市场时，不会有很高的需求弹性，竞争对手还没出现。这个时候，只要汽车新产品的性能和质量过关，就可以高价销售，满足一些消费者对新颖和独特的消费追求，也使得汽车企业能够在短时间内获得巨大的利润。汽车设置较高的价格，可以在当市场上出现许多竞争者时有更多降价的余地，这符合消费者逐渐降低价格的心理需求。

该策略的弊端是：如果没有特殊的技术、资源等优势，高价格、高利润会引来大量竞争对手，使高价格难以持久；当新产品尚未在用户心中树立起相应的声誉时，高价格不利于市场开拓，会引起公众反感。

2. 低价策略

在为新产品定价时还可以采用低价策略，即设定较为亲民的产品价格，吸引更多的消费者，博得更大的市场份额。要采用低价策略，必须满足一定的前提条件，如新产品具有较高的价格弹性，随着企业规模的增大，企业的生产效率和生产能力会提升，新产品具有很优的市场潜力等。

低价策略是相对于高价策略来说的，其利弊和高价策略正相反，低价策略注重的是企业的长期发展。低价策略有双重好处：一是可以通过低价策略快速拓展新产品的销售市场，增强市场占有率，实现销量和利润的双赢；二是低价策略可以有效地防止竞争者的涌入。这种定价策略存在几个缺陷，包括投资回收期较长、效果出现缓慢、风险较高。

以下是几种适用于汽车低价策略的情况：

①这种汽车产品所采用的技术已经非常透明，或者容易模仿，竞争者可以轻易进入该市场。企业通过提供低价的产品或服务，可以削弱竞争对手的竞争力，赢得市场份额。

②尽管市场上已有同类汽车产品，但是，新推出的汽车产品生产企业具有更大的生产能力，这款汽车产品具有很强的规模效益，生产量越大越能降低成本，预期将带来更高的收益。

③这类汽车产品的市场供需相对稳定，市场价格受到消费者需求的影响比较大。如果产品价格低廉，则有可能吸引更多消费者购买，从而扩大市场份额。

④考虑到竞争和心理等因素，汽车企业希望尽快占领某个汽车市场，以期在同行业中有较强竞争力。

以上所述的汽车定价策略各有优点和缺点。因此，针对不同的市场需求、竞争状况、市场潜力、生产能力和汽车成本等因素，汽车企业应该进行全面的考虑和权衡，合理选取和搭配策略，最大限度地发挥其优势和效果。

3. 适中定价策略

适中定价策略是指在高价定位与低价定位之间取得平衡，旨在追求社会平均利润的定价策略。这种定价策略不以高价或低价来定位，是采用中间价格定位。该策略风险较低，成功的概率较高。可以确保企业获得稳定收益，增加对顾客的吸引力，以实现企业和顾客在价格上达成一致。其优势是可以缩短汽车新产品进入市场的时间，不会引起竞争对手的针对。企业也可以考虑将汽车新产品的使用寿命延长一段时间。这种定价策略还有助于汽车企业提升声誉，逐步进行价格调整，满足客户需求。

（二）折扣定价策略

为了满足市场竞争和经营战略的需要，在汽车销售领域，汽车企业会采用折扣和折让的优惠政策，降低汽车的实际价格，吸引消费者，增加汽车的销售量。下列是其主要方式：

1. 功能折扣

功能折扣定价是指汽车生产商对不同功能的汽车在汽车 4S 店的定价采用不同的折扣策略。在决定交易折扣比例时，汽车 4S 店需要考虑汽车中间商在销售渠道中的地位，对汽车制造企业销售的重要性，批量购买汽车的能力，促销汽车的能力，承担的风险，汽车产品在市场上最终售价等因素。

2. 现金折扣

现金折扣是拍卖房会给按照合同规定提前或按时支付货款的买家提供一定的折扣。这种折扣直接与客户或汽车 4S 店的货款支付方式直接相关。如果客户选择全额支付，则折扣最大化。如果客户超过支付期限还没有支付，则不能享受折扣，可能需要支付一定的滞纳金。这种折扣方式是为了降低财务风险和促进资金周转，鼓励买家尽快支付货款。

3. 数量折扣

数量折扣是指买方购买的汽车数量不同，所得到的折扣也不同。随着购买数量的增加，买方可以获得更大的折扣优惠。这种方法已被许多汽车企业所采用。

4. 季节折扣

季节折扣是指根据时间安排的促销策略，通常出现在销售淡季。在非繁忙的购买期间，消费者可以获得与季节相关的折扣；在销售旺季，此类折扣不再适用。这种方式旨在促进中间商和消费者购买汽车，以减少库存、节约管理费用，加速资金周转。

5. 价格折让

为感谢客户，厂商与汽车 4S 店会给予其相应的折扣或优惠。当客户使用“以旧换新”的方式购买新车时，客户只需支付旧车与新车之间的差价，这便是“以旧换新”的优惠。或者，汽车 4S 店与汽车生产商联合开展促销活动，汽车生产商在结算货款时向汽车 4S 店提供一定的优惠，这是促销折让。

（三）针对消费者心理需求的定价策略

这是一种针对消费者的心理需求所采用的一种特定的定价策略。这种策略会有意识地使汽车的价格变得高一些或者低一些，刺激消费者增加购买量，扩大市场销售规模，使得汽车企业获得最大效益。以下是具体的心理定价策略。

1. 整数定价策略

一般在为高档汽车定价时，通常会将汽车价格四舍五入为整数，避免使用尾数。这可以为消费者营造这是一款高档车的印象，提升汽车品牌声誉，满足消费者心理层面的需求。

对于汽车产品而言，一些档次较高、价格弹性较小、价格波动不会对需求产生显著影响的汽车产品，更加适合采用整数定价策略。

2. 尾数定价策略

尾数定价策略与整数定价策略完全相反，是由汽车制造企业利用消费者渴望获得更优惠价格的心理，通过不使用整数，而是使用带有尾数的价格来制定汽车价格。带有尾数的汽车价格似乎更具价格优势，给消费者的印象更实惠。这种定价方式还能使消费者感受到汽车企业对产品成本的精细计算和考虑，对汽车企业的负责态度产生认同，提高消费者对这种定价的信心和认可度，增加消费者的购买热情，促进汽车销售量的增长。

3. 声望定价策略

根据消费者对汽车产品的声誉、信任度和社会地位的认知，来确立汽车定价的方法就是声望定价策略。利用声望定价策略，汽车制造商可以满足那些注重社会地位、身份、财富、名望和个人形象的消费者需求，以高价彰显汽车的高档品质和卓越品位。声望定价策略通常用于有很高的认知度、对市场有大量影响力、备受市场欢迎的知名汽车品牌。

4. 招徕定价策略

招徕定价策略所定的价格不会中规中矩，要么很高，要么很低，其目的是激发消费者的好奇心和观望行为，这种策略能够促进同品牌其他正常价格汽车产品的销售。汽车超市和汽车专卖店通常使用招徕定价策略。

5. 分级定价策略

分级定价策略是指在定价时，将同一类汽车划分为几个等级，对不同等级汽车采取不同的价格策略。分级后的汽车定价，能让消费者感觉到商品的价格和质量是匹配的，使消费者更容易接受。分级定价策略的等级分类应恰如其分，不能过大或过小，这样会影响其正常的分级效果。

（四）产品组合定价策略

产品组合定价策略有以下几种形式：

1. 产品线定价策略

在同一产品线中，各个产品项目有着非常密切的关系和相似性，企业可以利用这些相似性，来制定同一条产品线中不同产品项目的价格，以提高整条产品线的盈利。运用这一价格策略，能形成本企业的价格差异和价格等级，使企业各类产品定位鲜明，能服务于各种消费能力层次的客户，能使客户确信本企业是按质论“档”定价，给市场一个“公平合理”的定价印象。

2. 选择品及非必需附带产品定价策略

汽车相关销售企业除了售卖汽车处，也会销售一些配套产品，有一些是非必需品，如汽车电话、收录机等。这些非必需产品不包含在汽车的售价中，需要单独定价，消费者认为合理，可以接受。针对非必需产品的定价一般会向高价靠拢。在汽车厂商举办的展销会上，陈设的产品都是凸显汽车产品具有高品质特征的产品，加上整体环境氛围的烘托和营销人员的话术，消费者一般会忽视产品的性价比，选择这些高价的非必需品。

3. 必需附带产品定价策略

必需附带产品又称为“连带产品”，是指必须与主机产品一同使用的产品，或主机产品在使用过程中必需的产品（如汽车零配件）。企业可以把主机产品价格定低些，将附带产品价格定高些，这种定价策略既有利于提高主机产品价格的竞争性，又不过分牺牲企业利润。这是一种在国际汽车市场营销中较流行的策略。

4. 产品群定价策略

为了促进产品组合中所有产品项目的销售，企业有时将有关系的产品组成一个产品群成套销售。客户有时可能无意购买整套产品，但企业通过配套销售，使客户感到比单独购买便宜、方便，带动了整个产品群某些不太畅销产品的销售。使用这一策略时，要注意搭配合理，避免硬性搭配。

（五）汽车的价格调整策略

在定完价后，由于本企业、竞争对手或汽车市场情况发生了变化，汽车企业需要经常对汽车的价格进行调整。汽车的价格调整主要有两个原因：一是汽车市场的供求环境发生了变化，汽车企业认为，有必要对自己汽车产品的价格作出调整，这种汽车的价格调整称为主动调整；二是汽车企业竞争者的汽车价格发生了变动，使汽车企业不得不作出相应的调整，以适应汽车市场竞争的需要，这种汽车的价格调整称为被动调整。

1. 汽车价格的主动调整

一般来说，如果需要汽车企业采用主动手段调整汽车价格，那么主要有两个方法可以使用。

（1）调高汽车价格

通常情况下，为保证汽车营销市场的正常运营，企业会选择调高汽车产品价格的方法，来适应不断变换的企业的内部条件和外部的市场环境。

调高汽车价格的原因有以下几大类：①成本上升；②通货膨胀；③竞争的需要；④产品供不应求，市场需求旺盛；⑤产品的改进。

（2）调低价格

调低价格的主要原因是为适应企业内部环境和外部环境的变化和用户需求。

调低汽车价格的原因有以下几大类：①提高企业的竞争力；②企业产能出现过剩的情况，急需扩大汽车销售规模，但现实情况又不允许加强销售或改进产品；③生产成本降低；④经济形势改变。在目前经济紧缩的市场环境下，货币不断增值，导致汽车总价格水平下降，这时企业会主动调低汽车的售卖价格。

汽车企业在主动调整汽车价格时，应该认真地考虑汽车竞争者对该调整作出的反应，还必须了解竞争对手的财务状况和企业目标等因素。

2. 汽车价格的被动调整

除主动调整汽车价格外，也存在企业被动调整价格的情况。企业需要将自己的内部情况和外部竞争者的情况摸清、摸透。

（1）对自己的情况的研究

自家企业的实际竞争实力：产品质量、所占市场份额等，企业汽车的生命周期、价格弹性情况，竞争企业的价格策略对企业的影响。

（2）对竞争企业的研究

竞争企业改变价格策略的原因；竞争企业价格变动的时长，是短暂的还是长期的；其他竞争企业的反应；企业对竞争企业作出反应后，其他企业将会采取怎样的措施。

一般来说，汽车价格的被动调整，在竞争对手调高汽车价格时的主要方法有跟随提价和价格不变两种，在竞争对手调低汽车价格时的主要方法有置之不理、价格不变（采用另外的非价格手段进行反击）和跟着降价三种方式。其中，对于跟着降价的方式要慎用，这种方式一般用于价格敏感度较高的车型上。至于汽车价格的调整幅度应该多大，要根据具体情况具体分析。

第四节　汽车 4S 店的促销与宣传

一、满足消费者需要策略

消费者关心的是服务产品、价格、服务生产率和服务推广。在这样的理念指引下，汽车 4S 店最需要的是提升自己的服务策略，旨在为顾客提供满意度更高的服务，这是极具竞争力的一种销售策略。

（一）提供有竞争力的服务产品

汽车 4S 店的服务部门必须充分了解哪些服务产品最具吸引力，然后把它们提供给消费者。例如，根据淡季和旺季的变化提供不同的服务产品，或是针对特定市场提供特殊服务，而非全年提供同样的服务产品。以下为近些年比较常见的汽车 4S 店服务产品：

1. 对消费者具有吸引力的整体服务

（1）维修后的美容装潢

在车辆维修后，汽车 4S 店可以提供洗车的服务。如果发现车辆漆面不好，则可以建议客户抛光打蜡或封釉，适时推销美容产品。

（2）养护产品的推销

在维修过程中，汽车 4S 店的工作人员如果发现了问题，要及时告知客户，适时推出养护产品。例如，当发现放出的机油很脏时，就可以建议顾客清洗润滑系统；当发现冷却液变质，就可以建议客户清洗冷却系统。保持汽车的润滑系统和冷却系统的良好状况是客户的需求，这样不仅更换了机油和防冻液，还推销了润滑系统和冷却系统的清洗剂，达到了客户和汽车 4S 店双赢。

（3）附加服务

除了按客户需求修好车外，汽车 4S 店还可以为客户提供附加服务，如为顾客代办车辆保险，提供保健用品的服务和销售等。

2. 季节性服务

季节性服务是以季节为销售节点，针对不同的用户人群和客户需求实施服务策略，这样提升了顾客对汽车 4S 店的服务满意度，无形中增加了更多的收入。如在炎热的夏季有空调检修服务，在冬季和雨季有针对汽车不同构件，或常常出现的问题进行检修的活动。

3. 免费车检

免费车检的目的是获得与客户见面的机会，有了客户才有向客户营销的机会。免费检测主要选在维修淡季或五一、国庆等节假日期间。营销人员在维修淡季可以获得与顾客见面的机会，以便进一步推广产品。在五一、国庆长假期间，汽车 4S 店组织免费车检能够体现出对客户的关怀，增加客户满意度。

（1）免费检测的项目

免费检测项目涉及的汽车构件很多，如传动带、蓄电池、轮胎、发动机、离合器、空调和悬架系统，以及冷却系统、雨刮器和灯光、车门。

（2）发现问题的处理

①服务顾问发现问题的处理。服务顾问在接待时通过档案查询，可以发现空气滤清器、汽油滤清器、机油及机油滤芯是否需要更换，正时皮带是否需要更换、冷却液是否需要更换、制动液是否需要更换、助力转向液是否需要更换、变速器油是否需要更换等。若需要更换，要建议顾客更换。

②维修人员发现问题的处理。

第一，检查蓄电池液面，建议顾客进行相关检测并添加补充液。

第二，检查制动片磨损到极限，建议顾客更换。

第三，检查轮胎缺气程度，轮胎吃胎，则建议客户进行四轮定位；如果轮胎磨损到极限，则建议顾客更换。

第四，检查减振器漏油或损坏，建议顾客更换。

第五，对车门铰链进行润滑。

第六，检查空调制冷能力，如果制冷能力不足，则建议客户检修空调系统。检查空气滤芯，如果脏则清洗，如果过脏则建议顾客更换。

第七，检查灯光，如果有灯泡不亮则检修。检查前照灯灯光高度，如果不合适则调整。

第八，检查传动带，如果磨损则建议顾客更换。

第九，检查刮水器片，如果损坏则建议顾客更换。

（二）服务人员技能的提升

对于汽车 4S 店来说，最重要的是客户的需求满足度和服务满意度。对于服务部门来说，工作人员主要消耗时间和技能。汽车 4S 店对员工的培训要全方位，服务经理、配件主管、车间主管、服务顾问、班组长、普通员工、新来的员工都要参加培训。汽车 4S 店服务质量关系到客户的时间成本，服务是当前消费需求和营销水平升级后的最现实、最迫切的需要。只有最根本的服务工作人员的能力能够提升，客户个性化需求满足度才会提升。

（三）差异化服务

差异化服务策略是让服务提供者充分发挥优势，强调产品和服务的特色、风格和个性，形成独一无二的经营模式，以吸引消费者。

要实施差异化战略，汽车 4S 店需要突显自身的特点，利用自己的优势，弥补自己的缺点，开拓一条独特的商业道路，以便在激烈的市场竞争中占据稳固的地位。商品的差异化是销售营销的灵魂，服务的差异化是服务营销的灵魂。不同层次的客户对服务的要求不同。不同区域的消费者对服务的要求也不一样。边远地区的消费者追求的是保质保量地修好车；大城市的消费者要求修好车和良好的服务、优雅的环境。汽车 4S 店要从服务的多样性出发，完全站在消费者的角度考虑、营销，把消费者的需求当成自己的使命来完成，在消费者心里建立良好的、长久的服务品牌，这样既满足消费者的需求，又获得了利益。

二、客户成本策略

有了高品质的服务，还必须有一个合理的价格。合理的价格是指定价不能过高，也不能过低，应该是有竞争力的价格，是能够吸引消费者的价格。在当今的汽车市场，服务定价相当重要，通过制定具有竞争力的价格能够增加营业收入。

（一）客户成本策略的原则

服务价格是客户成本策略的重要组成部分。在市场策略中，价格发挥着一种特殊的作用。提供优质服务，不过分提高价格，是汽车 4S 店制胜法宝。在定价过程中，汽车 4S 店尤其要注意公平和市场适应性这两个关键性原则。

1. 公平

如果汽车 4S 店不合理地多次收取费用，或者故意过高地收费，那么它将会失去客户的信任，破坏已经建立的合作关系，虽然可能在这一次会获得一定的高额收益，但客户的信任流失造成的后果是不可逆的。

2. 适应市场环境

适应市场环境是指汽车 4S 店在考虑竞争对手和其他汽车 4S 店的服务价格的基础上，结合当地市场行情来制定合理的服务价格。

（二）顾客成本策略的要点

1. 保持竞争价格的每日更新

①设法得到竞争对手的服务价格，通过分析竞争对手的价格表，制定有竞争

力的价格表，时刻保持价格表的更新。

②注意零部件价格，当零部件价格变化时，要进行相应的调整。

③注意竞争对手利用季节性服务推出打折服务，这时汽车 4S 店要根据对手情况进行相应的调整。

2. 迅速适应竞争对手的价格

①培训几个技术人员专用于竞争激烈的项目。这类技术人员越多，其单位工作的成本就越低。

②逐渐形成能加强汽车 4S 店竞争力的多级定价和平均化零件价格的策略。

③批量订购零件以获得更低的价格。

④为常规保养项目提供快速服务通道。

3. 公开服务价格

在消费者易于看到的地方，如接待室、休息室的墙上，展示工时和零部件价格。

（三）确定服务价格

确定服务价格是一个汽车 4S 店必须面对的复杂问题，价格是消费者选择汽车 4S 店的最重要的标准之一。服务价格不能千篇一律，每个地区有每个地区的具体情况。汽车 4S 店确定服务价格可参考以下方法：

1. 定价策略

汽车 4S 店的管理者在制定最终价格的时候要谨慎。因为消费者的考虑因素就是价格和服务质量。只有当消费者认定一家汽车 4S 店的价格和服务质量都信得过的时候，他们才会进行消费。在汽车维修市场上，所有的汽车 4S 店都特别关注竞争对手的价格。如果某个汽车 4S 店降低了价格，那么其他的汽车 4S 店也会跟着降价。因此，降价通常会引起竞争对手的反应，有时还可能导致恶性价格竞争。汽车 4S 店要避免价格战，应在质量、品牌形象和服务方面下功夫，以提高顾客满意度，而不是利用价格优势来吸引顾客。

2. 影响价格结构的因素

（1）服务成本

服务成本包括零部件和工人工作的基本成本、促销活动和广告成本。

（2）顾客类型

不同类型的顾客对价格的要求不一样，不同型号汽车的价格也不一样。

（3）市场情况

根据市场大小、地理环境、服务消费频率和服务消费习惯等来定价。

3. 定价方法

（1）成本累加方法

通过考虑零部件和人力资源的直接成本，加上间接员工的工资和设备折旧等间接成本计算总成本。在总成本上加上一定的利润收益。

这个方法的优势是：当成本容易计算时易于理解，不需要因需求的变动和竞争而调整。如果利润收益率合理，则对企业和顾客来说，都是一种公平的定价方式。

这个方法也有一些缺点，如没有为需求的变动或竞争提供准备，过于注重成本和利润，忽略了市场环境。成本计算依赖于以往的数据，忽略了对未来成本的考虑。

（2）需求和竞争的方法

①可调节定价，是指价格随着客户、地点和时间而变化，对于不同的客户，汽车价格不同；在不同的地点，汽车的价格不同；在不同的时间内，汽车的价格也不同。企业举办服务促销时要对价格做相应的调整。

②按习惯定价。对于某些服务，有一些业务是依照习惯设立的。由于这种方法给顾客一种稳定的感觉，所以，许多车企之间通过调整利润收益来适应顾客的心理预期价格。按习惯定价主要包括以下内容：

第一，名声定价法。消费者在某些时候会根据商品的价格来评估其质量。特别是高附加值的服务项目，更高的定价能满足消费者的高贵感。

第二，心理定价法。从消费者的心理出发，类似 9.8 元或 39 元这样的价格显得更便宜。

（3）面向竞争的方法

面对竞争的方法是一种通过考察、研究竞争对手的定价来制定价格的方法，特别是当竞争对手也提供同种类型服务的时候。这通常被称为复制定价法，即以相似于其他企业的价格来制定自己的价格。这种方法带来了脱离已有需求价格的危险。但这种方法也缺乏对一些与价格竞争不相关因素的考虑，如提供服务的内容、推广活动或品牌忠诚度的效力。这种方法的缺点是产生的利润收益相当有限。

（4）面向市场的方法

这种方法又称为“多步骤定价法”，充分考虑了个体因素，如成本、需求和竞争，从市场的角度来确定其价格。其步骤如下：

①选择市场目标。一项业务的出发点是选择市场目标，其焦点是分析消费者的需要和对价格的反应。

②选择品牌形象。品牌形象是商业运作的结果，如服务内容、服务接待、推广、广告和定价。良好的形象能提升消费者的好感，给消费者留下好的印象。

③营销混合布局。对服务内容、服务推广和价格的限制将被预先设定，需要决定是否为消费者提供优势价格或其他特色服务。

④选择价格政策。通过对价格所承担角色的阐释来决定价格政策。

⑤决定定价策略。必须在最大化利润或最小化损失的过程中，充分考虑竞争对手的定价策略。

⑥确定详细价格。经过以上所有步骤后，即能确定最终的价格。

（5）与市场变化相适应的定价策略

中国的汽车市场环境处在不断的变化中，要求过去制定的价格和服务内容随之有相应的变化。

三、便利策略

（一）提高生产率

企业在确认服务产品质量和价格合理的基础上，需要考虑提高生产效率。汽车 4S 店提高生产率、降低成本，就能以比其他品牌或经销店更有竞争力的服务价格来销售产品，也能够提高服务效率。消费者也可以迅速获得符合他们期望和安全可靠的车辆。汽车 4S 店提升劳动效率，使得消费者的个性化需求在短时间内得到了满足，为他们节省了大量的时间，他们就不会有等待的焦虑感。如果客户在等待了一定时间后，仍然没有按时收到自己的爱车，那么就会导致很多预定计划被推迟，他们可能会考虑租车或者乘坐出租车去完成一些事情。

汽车 4S 店要使服务运转更加高效，必须采用标准的工作流程工作，将工具和零件箱放置方便的位置避免多余动作，零件的定购、入库和供给制度必须得到改善，重视服务管理，确保建立的制度平稳运行。

（二）便捷服务

当享受到方便、快捷的服务时，消费者就会提升满意度，更加忠诚于这一品牌。在小型城市，汽车的拥有率较低，因此，建设专营维修、销售、备件和服务的综合性汽车店不可行。这些城市的车主只能在日常保养和修理方面求助于附近的普通修理厂。这些修理厂的专业能力有限，只能应对部分故障。对于较大的故障，车主需要将车送往最近的汽车 4S 店维修，这增加了维修时间和费用，这种情况会危及车辆的安全性和使用寿命。针对这一情况，一些汽车 4S 店开展了远程服务活动，提供上门服务，提高了消费者的满意度，增加了收入。

（三）上门取车和送车服务

"上门取车和送车服务"正在被越来越多的人认为，是企业展示服务能力和赢得客户信任的一条捷径。如果客户需要经历许多烦琐的程序，那么可能要耗费时间和金钱，承受很多不必要的烦恼，如将车辆开到汽车 4S 店、安排返回（无交通工具）、确定取车时间并安排交通运输等。"上门接车和送车服务"不失为一种节约时间、金钱和精力的有效途径。客户可以让服务人员在预定的时间和地点取车，维修完工后再将车辆送回。通过这种方式，客户的满意度可以增强，还可以提高获取新客户的可能性，并增强服务的吸引力和汽车 4S 店的竞争力，以提升企业的品牌形象。

实践证明，很多客户愿意享受这种服务，把"上门取车和送车服务"看作维修的超值服务。汽车 4S 店向客户收取一定费用也是被认可的。但是，作为吸引客户的一种方式，很多汽车 4S 店目前不收取这笔费用。

（四）备用车

备用车是指为满足客户需要，当车辆在汽车 4S 店停留数小时到数天时，由汽车 4S 店提供给客户的自行驾驶式出租车辆。在等候修理完成的这段时间内，这些客户需要一辆备用车以满足突发的商务或私人需求。这些备用车并非免费提供给顾客，汽车 4S 店需要收取一定的费用，以保证成本得以收回。备用车服务的目的是方便客户，增强服务的吸引力，保持服务水平。

四、服务推广

每次汽车 4S 店在进行广告宣传时都会推出服务促销活动。仅仅依靠广告宣传是不够的，广告只能让消费注意到汽车 4S 店。汽车 4S 店要想让客户真正体会到优质的服务，还要通过服务促销才能实现。只有在客户得到满意的服务后，他们才会再次光顾。通过服务促销活动，汽车 4S 店可以给客户展示为什么选择本企业是明智之举，为他们创造更多的消费机会。

推广活动由向顾客提供适用的服务类型、场所和价格信息所组成。推广的目的是刺激和产生消费需求。任何推广都必须以消费者的观点为基础，推广的目标就能满足消费者的需求。因此，推广活动要利用各种方法使客户知道汽车 4S 店对其提供的服务，促使客户驾驶汽车前来接受服务。

这些推广活动可以明确地划分为两类：一是间接推广，即不涉及与人直接接触的方法，如电视和无线电广告、报纸和杂志广告以及直接邮件广告；二是直接推广，即涉及通过服务顾问或销售人员与客户直接接触的方法。

（一）广告宣传

广告能够传递信息和塑造品牌形象。中国广告媒介在近年呈现出了丰富多样的发展态势。传统媒体涵盖了印刷媒体、电视、广播、传单和户外广告等，新兴媒体有互联网、大楼广告、直邮和车体广告等。这些媒介的费用、效果和目标观众不尽相同。针对不同的目标，每家汽车 4S 店应采用最适合自己的广告宣传方式。最常见的方法是在报纸和电台广播发布广告，以推广宣传。可以将报纸广告分为两类：一是突出服务和品牌形象的广告；二是集中展示汽车品牌形象，搭配促销服务信息广告。

（二）服务促销

在服务营销的众多环节中，促销是其中重要的影响因素之一。广告提供了购买的理由，促销则刺激了购买，而服务促销是为了增加入厂量，提高营业额。

1. 服务促销计划

①确定促销主题，要注意在不同的时间节点不断对主题进行强调。

②确定具体的活动期限和时间。如维修促销活动可以选择在淡季，如果持续时间较短，那么最好选择在周末日进行，这样方便客户消费。

③确定本具有市场竞争力的项目究竟有哪些，怎样的价位更易吸引顾客前来，汽车 4S 店明确清晰的服务界限和最终的服务价格，确定后不要轻易变动，否则会让客户对企业的可信度产生怀疑。

④在计划实施中定期检查，纠正计划实施的偏差。

⑤准备必要的零部件和其他材料。

2. 服务促销项目制定

在促销服务时，汽车 4S 店可以采用多种方式，包括打折、免费诊断等，更多的是会采用两者相结合的方式。提供免费的车检服务可以吸引新客户和那些对维修服务不太感兴趣的客户来到汽车 4S 店。汽车 4S 店的工作人员可以为客户进行车辆检查和测试，并将结果记录在检查表中，并与客户讨论。只有在客户自愿的情况下，汽车 4S 店才会为其提供维修服务。即使客户并未接纳建议，汽车 4S 店的活动仍可以成功地展示优质的服务水平，达到了预期的宣传目标。因此，设计服务促销项目时，汽车 4S 店应采用低价的方式来开展广告宣传活动，并吸引客户接受相关的维护服务。

下面以夏季的空调免费检测为例来制定相关活动检测项目：空调的制冷效果如何？空调系统是否存在气体泄漏的情况？空调内部线束是否出现损坏、老化的情况？空调在运行过程中是否会产生异味？其内部的花粉过滤器是否需要进行清洗？

3. 服务促销实施

在企业内部要竭尽所能地让客户感到亲切，使他们有需要时能够再次光顾。汽车 4S 店的管理要不仅考虑企业的外在形象，还需关注企业文化精神、周边环境，以及员工与客户互动的态度。

4. 服务促销分析总结

最好的长期广告来源是既对修理质量感到满意，又在汽车 4S 店中受到无微不至关照的顾客，广告促销的最终目的就在于此。在服务促销活动结束后，汽车 4S 店需要重点对以下几个方面进行归纳总结：

①是否有客户对企业不满？哪些顾客？为什么？

②为什么光顾过的客户没有再度光临？

③为什么潜在的客户选择了其他企业？

④企业在公众中的信誉形象如何？

第五节　汽车营销创新与人才能力要求

一、互联网时代背景下汽车营销模式创新

（一）我国汽车营销模式发展变化

中国汽车行业发展迅猛，已经成为支撑国内经济发展的重要产业之一。从传统销售的角度来说，销售是一项竞争性活动。在这种情形下，企业必须采用巧妙的策略和营销技巧战胜对手。构建合理的汽车销售市场和销售体系，对于确保我国汽车产业融入国际汽车市场并实现稳健发展具有重要作用。汽车营销模式面临新的挑战和要求，市场大环境和国内经济发展趋势发生了变化。[①] 考虑到这一点，汽车行业应该以全球市场为导向，积极推动创新，采取长期战略。

1. 我国汽车销售模式的发展

（1）汽车营销模式的内涵

汽车营销模式从整体来看是一个不可分割的完整体系，无法通过只发展某个部分来完整展现整体。通常说来，汽车营销组织、营销理念和营销技术三个方面相互作用、相互影响，构成一个有机的整体。营销理念决定了营销模式的组织形式和营销技术，因为，衡量一种营销模式的好坏，是基于企业提供给客户怎样的营销服务理念，而不仅仅是汽车的销售。仅凭汽车交易市场或营销组织这一要素显然是无法得出正确结论的，因为它们只是整体表现中的一部分。

① 王琦. 关于我国汽车营销发展模式探讨 [J]. 科学中国人，2014（23）：93-94.

（2）汽车营销模式的发展

我国的汽车市场营销的历程可以分为三个阶段：1978 年前的计划分配阶段，1978—1991 年的计划经济向市场经济转型阶段，1992 年至今的市场经济阶段。

①计划经济分配阶段。在当时，产品分配和物资销售必须严格按照预定计划执行，不允许汽车部门直接销售，必须通过设立统一的渠道进行分配和销售。在这个时期，汽车销售方面的种种决策，如主体、方式、价格等都是单一的。

②计划经济向市场经济转型阶段。随着计划经济向市场经济的转型，汽车市场日益自由化，国家逐渐放宽了对汽车定向销售计划的限制。尽管汽车市场出现波动，但总体来看，汽车行业仍是卖方市场，汽车销售成为一个高回报的领域。

③市场经济阶段。汽车行业的发展主要受市场机制的影响和制约。汽车市场景象繁荣，汽车型号包罗万象，包括大型、中型和小型车辆。中国本土和外国汽车销售体系并行不悖，能够满足不同所有制形式的需求。在这个阶段，汽车销售方式的变化不再依赖于订购或推销，而是逐渐向代理制和专卖店制转变。从现阶段来看，汽车销售已经可以提供租赁和分期付款的方式，并且随着互联网的发展，实体销售和网上销售可以联合销售。

在汽车市场中，购买者处于主导地位，因此，汽车销售业务必须提供更高水平的服务。汽车市场规模持续扩大，原因就在于汽车产业结构和消费观念的转变。随着国内汽车销售量的不断增加，我国汽车市场逐步向成熟化发展。

2. 我国汽车的营销模式

（1）特许经营专卖店

在现阶段，汽车厂家采用特许经营专卖店作为主要营销途径。汽车 4S 店是一种集汽车销售、信息反馈、零部件供应和售后服务于一体的全方位汽车销售模式，这就是“4S”一词的由来。由于在运营、客户服务和销售等方面密切协作，特许经营专卖店的管理会更加规范。

（2）普通经销商

在汽车销售行业中，采用普通经销商模式的销售商大多数都会同时经营多个品牌。它们作为独立销售商，主要负责代理销售和提供售后服务。汽车销售采用的策略是将全国市场分成不同规模的区域，通过分担职责的方式，实现适度、有效的规模经营。

（3）汽车超市或汽车交易中心模式

现如今，有一种新兴的汽车销售模式出现，汽车超市或汽车交易中心。这些汽车交易中心独占一片区域，建有大型销售场所，聚集了多个品牌的汽车专卖店。这些汽车专卖店通过广阔的销售展示区域，展示各种汽车品牌。这种汽车销售方式给市场内部带来了更多的竞争。

（4）独立经销商

随着人们个性化需求的不断增长和股份制，私营企业快速兴起，一种以个性化销售和独立经销为特色的分散式汽车销售模式逐渐流行起来。

3. 汽车营销形式的未来趋势

（1）汽车经销场所应具备“一站式”服务功能

各种策略和手段被用于汽车营销的过程中，最终形成了体系化的营销模式，这旨在满足市场需求并实现销售目标。除了传统的产品、服务和业务范畴外，汽车产业还涉及许多其他行业，如物流、广告传播等，还涵盖了汽车产业链条各个环节之间的相互协作和合作发展。在当前汽车营销模式的发展过程中，企业提供一站式服务，可以显著提升最终销售额。当考虑将汽车作为一种特殊消费产品时，企业必须考虑购买者的消费习惯和经济实力。汽车交易中心应提供多种品牌，以便客户比较选择。在汽车交易中心，展示和销售应该同时进行，并配备全面的辅助设施，如维修、装潢、检验等，甚至可以将汽车科普、汽车文化、汽车游戏等内容融入汽车经销渠道，以满足消费者不同的兴趣和个性化需求。

（2）线上与线下相结合

我国汽车工业发展迅速，竞争日趋激烈，所有汽车企业都面临一个共同的难题：如何在众多汽车企业中脱颖而出，提高客户忠诚度并将企业收益最大化。汽车企业可以巧妙地结合产品特点，实现消费者与企业的利益最大化。

未来汽车销售的趋势是融合线上和线下购车模式，以满足消费者对于汽车的多元化需求。网络平台可以提供更加全面、丰富的汽车资源，使消费者能够更深入了解汽车的各个构成部分。消费者可以对比不同汽车型号的数据，根据自己的经济状况和用车需求明确所需购买的车型。消费者也可以选择线下购车，以便身临其境地感受驾驶，更直接地了解汽车的外观和舒适度。将线上浏览与线下购车相融合，可以充分利用场地资源，提高汽车营销的规模、品质和效率。

（3）“以消费者满意度为中心”将成为主流服务理念

在企业经营与管理中，汽车营销模式是一个至关重要的元素，它与顾客需求、企业收益紧密相关，甚至会对汽车市场的最终竞争局面起到决定性作用。从现阶段看来，未来汽车营销的主流理念将会以消费者的需求和满意度为中心，将服务作为其中的重点内容。汽车的目标消费群体主要是普通消费者。企业需要把盈利点从单一的车辆销售扩展到满足人们多种需求的多元化销售模式上。所以，为保证消费者对服务的满意度，汽车生产商和营销企业应对消费者的兴趣爱好和情感体验进行充分调研，及时提供售后服务和进行相关满意度调查。汽车 4S 店还应该确保已售车辆所囊括的服务项目都得到了满足，及时向汽车生产商反馈常见维修件和消费者的反馈意见。这样，汽车 4S 店才能通过提供更精准的汽车服务，满足消费者的需求，增强消费者对汽车品牌的忠诚度。

4. 我国汽车营销模式的发展对策

（1）建立符合我国特殊国情的汽车营销模式

在我国汽车市场规模不断扩大的过程中，汽车企业需要制定适合本国国情的汽车营销策略，打造具有中国特色的营销模式，促进汽车市场的发展。由于我国人口众多，国土辽阔，这也就意味着汽车消费市场相对较大。我国的汽车研发必须充分考虑消费群体的经济实力。企业在激烈的市场竞争中，必须考虑创造适合中国市场的独特汽车营销模式。

（2）建立以消费者需求为导向的汽车营销模式

在车辆销售行业中，工作人员一定要坚持“客户至上”的核心准则。在制定任何销售策略时，企业要必须考虑不同消费者的特性和需求，确保销售的最终目的是满足消费者的需求。若想建立一种科学可行的市场营销策略，需充分关注消费者的需求和心理。我国汽车营销模式的发展必须以消费者需求为主要考虑因素。汽车 4S 店在销售汽车时，需要综合考虑消费者的需求和经济实力，以便提供最合适的产品。必须强调的是，在售后服务方面，相关人员绝对不能因为消费者购买的汽车配置较低而有所放松，应当将汽车售后服务水平提升到汽车强国的标准，严格要求自己。只有以消费者需求为核心，汽车 4S 店才能在销售过程中赢得客户，获得发展。

（3）建立具有丰富性、多样性的汽车营销模式

汽车企业应根据生产模式和消费者差异，考虑市场环境和国际形势变化，制定出多样化的汽车销售策略，以满足不同消费层次人群的需求。在实际营销过程中，汽车企业必须考虑每种销售模式的长处和不足，以便根据实际情况作出最佳选择。除了现有的多种营销模式（代理制、专卖店营销、特许连锁经营、汽车 4S 店）外，应该建立更多的线上汽车销售模式，如网上购车和汽车电子商务等，以整合各种汽车营销模式的优势，相互补充，提升我国汽车营销市场的综合实力。

营销模式的发展对汽车销售和整个汽车行业的发展起着至关重要的作用。随着消费者需求的不断变化，营销模式的受欢迎程度也会发生显著变化。要做到这一点，汽车 4S 店需要跟上时代的潮流，了解当前营销模式的情况，预测未来的发展趋势。根据这些趋势，汽车 4S 店需要采取相应的策略，以确保自己在市场中占有一席之地，实现可持续发展。

（二）"互联网 +" 背景下汽车营销管理模式的创新

随着"互联网 +"时代的到来，网络已经成为许多消费者的首选消费渠道，这对传统的消费方式产生了深刻影响。越来越多的人放弃了传统的汽车购买方式，即去实体店看车和试车，而选择更为高效、便捷的在线浏览汽车、在线购买汽车和在线售后服务等新兴购买模式。随着消费者购车习惯的变化，汽车 4S 店需要采取一些应对措施，积极创新并优化线上汽车营销模式。汽车 4S 店需要跟随市场变化，适应当下的需求和趋势，创新线上汽车营销模式，提高品牌知名度和营销效果，推进企业汽车产业的发展水平。需要放眼未来，不断探索和拓展更多的营销渠道，满足不断变化的市场需求。

1."互联网 +"背景下汽车营销管理模式的现状及分析

随着"互联网 +"的兴起，汽车营销正面临严峻挑战，导致汽车总销售额有所下滑，整个经济的健康发展将受到不利影响，如果企业无法迅速采取可行的措施，则汽车市场的活力将无法恢复。在信息技术飞速发展的时代，电子设备如计算机、手机为人们带来了便利，对汽车营销额和消费者之间的关系产生了直接影响。这些设备也带来一些潜在的风险和隐患。由于网络的匿名性特征，使消费者和商家无法进行直接面对面交易，这会让消费者感到不安。还存在一些不法分子

利用消费者的网购心理进行诈骗，这些现象屡见不鲜。特别是在汽车商品的购买过程中，消费者更倾向于去实体店试驾和购买，而不是因为虚假夸大的网络广告促销购买。由于消费者对网络购车的信任度不够，因此“互联网 +”汽车营销管理模式的施行也存在一定障碍。汽车营销的成功还与商家的营销管理紧密相关。一些企业缺乏对线上销售市场的重视，而失去了一批客户；一些企业缺乏线上汽车营销经验，无法为顾客提供全面的售前指导和售后保障，导致销售量下降。一些企业为了吸引消费者的注意力，会夸大汽车的品质和售后服务，误导了消费者，导致许多潜在客户流失。这些问题令消费者对网络汽车购买失去了信心，在一段时间内导致整个汽车市场遭受重创。为了在汽车市场获得消费者的信任并提供满意的购车体验，企业应该充分发挥数字化技术和网络资源在汽车营销管理方面的作用，创新现有的营销模式，逐步稳定我国汽车市场的发展，并且更好地挖掘消费者购车的实力。

2.“互联网 +”背景下汽车营销管理模式的创新策略

（1）制定网络营销策略，提升消费者满意度

互联网给汽车销售管理模式带来了挑战和机遇，利用互联网的优势，企业可以打造符合消费者个性化心理和需求的网络营销计划，激发他们的购买欲望，提高消费的整体水平。

企业还应该提供全面的售后服务，提升消费者满意度。为了提升汽车销售和服务质量，企业需策划一项涵盖全面网络营销的计划，以满足客户的需求，建立完善的汽车销售网络。汽车 4S 店的工作人员可以向客户提供购车的相关咨询，帮助客户更好地了解车辆的信息和型号。汽车 4S 店还可以在销售环节展示全方位的汽车图片和视频，这样可以使消费者更全面地了解汽车的实际状况。这些图片需要全面展示汽车的外观、内饰、后备箱和相关零部件等方面，以供消费者全面了解汽车产品的品质和性能。汽车 4S 店还可以制作与驾驶相关的视频，为消费者呈现实际的驾驶过程，消费者无须到店即可体验驾驶。

汽车 4S 店还可以采取相应的措施来提升售后服务质量。如，汽车 4S 店为了可以提供七天内免费试用和无条件退货服务，以确保顾客的消费权益。通过产品的销售环节赢得公众的信任，应该提供方便的购车通道和服务，为消费者创造更好的购物体验。为了激发消费者的购买欲望，企业还应该创新设计独特的车辆外

观，使其符合企业文化。为了让消费者享受更好的购物体验，汽车4S店必须缩短取货时间。消费者可以使用互联网平台选择心仪的车型，提交购车意向。

（2）开发第三方服务平台，提升汽车销售广度

随着信息技术的进步，汽车行业的主要营销模式必定会走向“互联网+”的模式，此模式具有广泛的前景，因此，众多汽车企业开始与各大网站合作开发第三方服务平台，以提升汽车销售的广度和深度。

企业应抓住这一机遇，积极参与平台开发，推动汽车行业发展。在新型汽车市场营销模式中，企业可以与电商平台开展积极的合作。利用电商成熟的营销平台和广泛的消费者群体，企业可以打造极具特色的网上汽车旗舰店，为消费者提供更加便利的购物条件和环境。这不仅可以增强企业的知名度，还可以拓宽企业在汽车销售市场中的规模。企业还可以配合电商平台的营销策略，利用双十一、年中大促销等活动时机，调整汽车价格，刺激消费者的购买欲望，吸引更多消费者的关注，推动汽车销售和扩大市场份额。利用电子商务平台，企业可以有效监管运营成本，增加汽车的销售额。为了提高汽车供货的生产效率，企业应当善加利用第三方服务平台，简化汽车生产销售环节。为了确保消费者的购车体验，企业要设立线上营销专业服务和售后服务，提供一定的售后保障。

（3）培养专业营销人才，加强专业团队建设

企业在创新汽车营销模式时需要注意以下几点：

①树立优质的企业和产品形象。

②加强对营销人员的培养。

③将客户需求与企业产品紧密联系在一起。

如果销售人员能够具备有效推广汽车产品，并随时为消费者提供所需支持的能力，这将进一步提升企业的服务水平。

企业在选择汽车促销活动时机时，应当充分利用汽车销售旺季，注重提升消费者购物的满意度和满足感，着力培养专业的营销人才。为了确保提供专业服务，在购物的前、中、后三个阶段，必须实现服务的全覆盖，并且销售人员应该采用不同的方式与潜在消费者进行互动。通过专业营销人员提供的信息，消费者可以获得更详细、更准确的关于企业汽车性能、性价比、价格和质量等方面的信息，有针对性地作出决策，在购买过程中得到引导，这样更容易产生购买欲望。

在消费者购物过程中，营销人员需要尽力消除消费者的不安感，使其更加信任企业和营销人员，从而更自如、放松地购物。销售人员应及时关注消费者的使用感受，以提供优质售后服务，向消费者传递完善、周到的服务理念，可以提升消费者对服务的满意度。为了确保消费者对汽车产品的理解和评价准确无误，营销人员需要用多种方式与消费者沟通，如利用微信和电话等。通过建立有效的沟通渠道，营销人员既能向消费者准确传达信息，又能准确收集消费者对汽车产品的看法，营销人员为消费者带来更好的购物体验。

（4）有效利用电商平台，拓宽汽车营销渠道

传统的汽车营销模式通常采用开设实体店面的方式，由营销人员面对面向消费者销售产品。这种做法要求汽车销售企业投入大量资金来建设门店，整体营销成本相对较高，这会给企业的财务造成不小的压力。为了应对这种情况，汽车销售企业要深入探索互联网时代的发展机遇和潜力，建立一个较为完善的网络销售体系，帮助消费者更好地理解汽车产品，提高消费者的购买力。

汽车企业可以通过在京东、唯品会、淘宝等主要电商平台上建立营销管理体系，来降低企业运营成本。企业可以对该平台的庞大消费者群体加以利用，有针对性地向他们推送相关汽车产品销售信息，提供全面的购车服务，与消费者建立联系，激发他们的购车热情。这些电商平台运用强大的数据技术，可以协助企业更加深入地了解消费者的购物心理和市场需求，为汽车升级和推销提供精准的指导，以符合消费者的期望。在与电商平台合作的过程中，企业可以重新定位自己的发展方向，为汽车产业发展创造新机会。

近些年，互联网技术发展迅猛，汽车营销逐渐步入网络化。针对当前的市场机遇，企业应该积极探索新的汽车营销管理方式，以便更好地为消费者服务，满足消费者的多元化的需求，为企业进一步发展注入动力。企业可以通过改进汽车营销模式、增加汽车销售量和总收入，也能确定未来的发展方向，这将推动企业利益的长期增长，促进汽车市场的可持续发展。

二、互联网时代背景下汽车销售人才职业能力要求

（一）“互联网 +”时代汽车行业的变化

互联网技术的进步促进了汽车业电子商务和共享经济的迅猛发展。消费者主

要通过互联网，来获取关于汽车产品和品牌的信息，媒体环境、商业环境和消费环境都发生了变化。汽车企业正利用“互联网 +”的优势，积极推广人工智能技术，带领汽车行业进入一个全新的网络服务时代。

1. 营销模式创新

现在越来越多的销售方式层出不穷，单一的“4S 店模式”逐渐被取代，因此，品牌授权已经不再是唯一的企业支撑。如汽车超市可以与汽车生产商和汽车 4S 店紧密合作，共同达成整车批发、渠道下沉、促销活动和汽车维修等全方位服务的目标。消费者可以在同一个地方看到多种品牌的汽车展示，会拥有更多的选择权利和实地体验机会。汽车生产商可以借助互联网、大数据和车联网等技术，搭建网络销售平台，开展面向消费者的新式实体零售模式。这种高效、低成本的营销方法深受消费者的欢迎。

2. 品牌推广方式多样化

互联网技术为汽车产业的发展带来了巨大的机遇，为汽车销售企业提供了更广阔的市场平台，打破了单一的营销模式。如今，汽车销售企业可以借助大数据来获取客户需求信息，更加科学、高效地进行市场分析，制定更有针对性地投入策略。这些企业还可以通过互联网加强品牌管理意识，全面提升自身的价值和实力，推动汽车产品的进一步发展升级。

3. 服务竞争更激烈

“互联网 +”的出现为信息交流提供了更多、更强的途径，汽车营销变得更加透明。随着消费者获取信息渠道的拓宽，大部分消费者能够更容易地获取更多不同种车型的配置和价格信息，在购车前经过对比研究作出更加明智的选择。考虑到这一因素，汽车销售顾问的工作难度陡然提升。随着互联网新媒体的普及，越来越多的人倾向于利用多种自媒体渠道分享购车的体验。汽车品牌更加重视客户满意度，这是因为通过互联网渠道，口碑的传播速度会更快、更直接，随之而来的影响也更大。

（二）对汽车营销人才的新要求

汽车营销与专业服务的设置目的是培养具备综合素质、能够为汽车行业提供全方位服务的专业人才。这些人才要有现代营销理念、掌握汽车销售技巧，具备高水平的认知能力、职业技能和综合素质，以便他们能够在实际工作中灵活运用各种能力，为客户提供优质服务。随着大数据技术和智能网联技术的兴起，汽车营销企业应该更加注重学生职业能力的培养，以推动他们更好地就业，为国家和社会经济发展贡献力量。

1. 提高“互联网 +”技术应用能力

近些年，人工智能技术发展不断成熟，已经影响了高校的育人目标，智能网联汽车正在迅速崛起，这就需要更多能够适应互联网环境的新型从业人员。随着“互联网 +”的兴起，汽车销售企业出现了许多适应这一环境的岗位，如网络客服、网络营销推广、新媒体推广运营、汽车电商等。随着科技迅猛发展，越来越多的智能汽车产品开始采用汽车电子技术。因而，汽车销售人员需要不断提高业务水平，要掌握汽车专业知识，学习并应用各种互联网技术，如网络销售平台、汽车科技演示平台和各种集客工具，以适应互联网时代的市场。他们还需要有强大的自学能力，这在当下十分重要。

2. 注重创新能力培养

随着“互联网 +”的不断普及，汽车销售已经进入了一个全新的时代，为了适应这个新环境，汽车企业需要提升服务创新水平。如果汽车行业的营销人员能够整合该行业的特点，在制定微信营销活动方案时，利用微信公众号整合市场调查数据，撰写推广文章来推广新产品。营销人员可以通过在线市场研究等市场活动，为客户提供个性化服务，让客户感受到与众不同的服务体验，建立密切的客户关系，获取客户的信任。高校相关专业的学生可以通过完成真实的市场任务，锻炼市场分析、团队合作、展示和创新能力，有机会不断提升这些技能。

3. 服务沟通能力

要成为一名成功的销售人员，良好的服务沟通能力至关重要。这种能力的提高可以帮助销售人员获得更高的销售业绩，对个人在职场中建立良好的人际关系起到重要作用，对于他们的职业发展和岗位晋升都有帮助。随着汽车销售市场的竞争越来越激烈，销售顾问的服务标准也需要随之提高。如客户接待、需求分析、产品介绍和促成成交等方面，表现出热情、专业和细心的服务态度。他们必须倾听客户的需求并提供适当的建议。销售顾问需要具备一定的情绪稳定性和积极乐观的生活态度，这是在充满挑战性和高压工作环境中的必备素质。

在“互联网 +”时代，科技不断进步，为了使人才培养方案符合行业实际发展并满足职业能力要求，汽车企业应该建立一种以岗位需求为基础的人才培养模式。为了促进人才的综合发展，这种教学模式应该采用多种不同的组织形式，聚焦于企业发展。汽车企业还应该着重培养员工的组织纪律性和团队协作能力，在目标设定上优先考虑德育方面的要求。

第五章　汽车 4S 店售后服务管理

本章的主要内容为汽车 4S 店售后服务管理，共分为四个方面，分别是汽车 4S 店售后服务概述、汽车 4S 店售后服务流程管理、汽车 4S 店维修服务管理、汽车 4S 店售后服务客户关系管理。

第一节　汽车 4S 店售后服务概述

服务能给人们带来某种益处或满足感。服务也可以被视为一种产品，虽然它没有具体的形状或外观，但它具有实用价值。无论是服务产品还是其他有形产品，都需要考虑如何满足不同消费群体的个性化需求。消费者对有形产品的需求，可以转化为产品的具体特征和规格。产品的生产、改进和推广都是基于这些特性和规格的基础来推进和最终完成的。然而，对于服务产品来说，这些具体规格并没有实际作用。。

一、汽车售后服务

（一）汽车售后服务的定义

售后服务是指在汽车销售后的阶段，主要是由服务商（如制造商、维修商、销售商、配件商等）提供全面、周到的服务，以保证客户所拥有的汽车都能够得到较好的维护，满足客户的需求。

汽车制造企业在早期阶段将汽车售后服务作为一种营销策略。汽车是一种消耗品，客户一般非常注重维护和修理。美国福特汽车公司最初就是将售后维修视为汽车促销的手段，后来逐步形成了一个全面维修和保养部门，这个部门逐步与销售部门分离。随着时间的推移，车辆售后服务已逐渐成为汽车市场中不可或缺的重要组成部分，其形成的收益已超越车辆销售。

（二）汽车售后服务的内容

汽车售后服务业具有综合性特征，涵盖了制造业要素和服务业要素。它不仅能够独立获益，还能与生产部门和销售部门共享供应链的收益。汽车售后服务涉及多个领域，包括汽车金融、保险、修理、零部件供应、美容装饰等方面，还包括旧车置换和汽车租赁、停车、信息等多种相关服务。

汽车售后服务主要服务的是消费者，汽车是服务对象的中介。制造商、汽车 4S 店、维修商和配件商等服务提供者，都会根据各自的业务范围为消费者提供不同的服务。汽车售后服务是与汽车一起持续维护的，具体包括三类服务：售后前期服务，涵盖了汽车消费贷款、汽车购买代理等、售后中期服务，涵盖了多个方面，如保修索赔、车辆的维护和检测、汽车零配件供应、汽车美容装饰等。售后后期服务，包括二手车销售和回收废旧车。售后服务主要涵盖以下几方面内容：

1. 技术培训

在售后服务的范畴内，培训客户如何使用技术是汽车 4S 店的一项任务。随着汽车产品技术的不断升级，售后服务人员的工作范围也逐渐扩大，需要为客户提供技术支持和产品咨询、进行实际操作演示等。一般情况下，先由厂商的售后服务部门和售后服务网点进行技术培训，再由这些网点的工作人员向客户提供上述服务。

2. 质量保修

质量保修是指汽车 4S 店承诺在客户购买后，在一定时限内对产品的质量进行检查、确认，并赔偿，被称为质量保证、质量担保或质量赔偿。其目的是向汽车生产商反馈客户所购买汽车的质量问题，以确保产品满足国家安全质量要求。这项工作由售后服务网点的一线工作人员负责受理执行。

（1）维修保养

汽车售后服务的内容有许多，其中之一是汽车的维修与保养。“维修保养”这个词语在表述上有些重复冗余。“维修”一词本身就包括维护和修理两个方面。

"维护"和"保养"这两个词的意义类似，可以将"维修保养"分为"修理"和"保养"两种不同的行为。

维修汽车是指通过各种操作，恢复汽车原有的技术状态和工作能力，延长其使用寿命。其目标是解决车辆故障问题，使车辆内部控制系统能够正常运作，延长车辆的使用寿命。汽车保养的意义在于维持车辆优异的技术状态和出色的工作性能；旨在预防可能出现的问题，在尽可能早的阶段就识别和解决故障隐患，以确保车辆的行驶安全。

以下是汽车维修保养的显著特点：

①技术层面的复杂性。作为一种产品，汽车具有复杂的结构和一定程度的高科技含量。在市场竞争日益激烈的情况下，生产厂商也都在努力推出独特的产品来吸引更多的消费者。因而，我们无须怀疑汽车维修保养技术的复杂程度。

②高度的离散性。汽车作为一种交通工具，流动性极高，广泛应用于各个领域。因此，汽车维修保养企业分布于各地，呈现出高度分散的分布态势。这一特点决定了我国的维修保养企业在一定程度上很难扩大规模，因而使中小型企业成为主要类型。

③市场较强的自我调节功能。随着公路运输和汽车制造业的繁荣，汽车维修保养服务随之兴起。因汽车维修保养服务具有高度专业化的特点，要求从业企业需要具备快速调整经营策略的能力，以满足市场需求。因此，部分企业不得不退出市场，而新的企业也会涌入此领域。在这种情况下，维修保养市场的供需趋于稳定，形成一种动态平衡状态。

（2）美容装饰

汽车售后服务的重要组成部分之一是汽车美容装饰服务。在汽车美容装饰行业中，车辆的造型美观和装潢装饰是至关重要的两个方面。

美容装饰源自汽车护理，称为汽车美容，目的是为汽车提供美化和保养服务。现代汽车美容采用了当前先进的美容技术和设备，包括常规的汽车清洁和除尘、去污、除臭和抛光处理，还引入了专业的美容系列产品（如 3M 公司的汽车美容产品）和众多高科技设备，以达到更好的汽车美容效果。汽车美容的项目丰富多彩，除了常见的新车上蜡、汽车清洁、漆面抛光、表面损伤修复和整车装饰外，还有其他多种美容服务可供选择。

随着人们物质水平的提升和科技的不断进步，市场上涌现了更多个性定制的汽车装饰用品。汽车美容是指对汽车进行清洗、打蜡、抛光等工作，汽车装饰强调在不影响汽车性能的前提下，对汽车的内部和外部进行个性化的装饰和优化处理。汽车装饰服务包括：车身和车窗的装饰、汽车内部的装饰和提升音响效果、加强车辆安全保护的装饰等。

汽车美容和装饰可以产生多种效果，这些效果包括但不限于以下几方面：

①维护汽车安全。在汽车生产过程中的汽车表面会被施以涂层，以防止金属的腐蚀和损伤，可以提高汽车的使用寿命，但汽车涂膜会随着时间的推移而出现各种老化问题。因此，汽车美容维护和修复是必要的。

②汽车的装扮和美化。随着人们生活水平的提高，车主的要求不仅限于汽车性能，越来越注重外在的美观性。因此，出现了各种美容技术和产品，如个性化的涂料颜色、车身装饰贴纸等，这些可以使汽车更加时尚、美观，迎合车主的需求，为城市增添了光彩。

3. 配件供应

售后服务的质量在一定程度上取决于配件供应的标准和可靠性。汽车配件在汽车制造商的经济价值中日益突显，这一点可以从国际市场价格上得到佐证。

汽车售后服务还包括管理汽车服务站点、维护企业形象等各个方面。但是，汽车 4S 店的售后服务项目还是以上面重点论述的三点为主，它们与消费者的联系更紧密，会对消费者产生直接影响。

如果一辆车的寿命为 10 年，那么从出售时起，车主就会与制造商的售后服务产生联系，在车辆使用的 10 年时间内，他们间的联系大部分归为售后服务范畴。因此，为了树立良好的企业形象，满足顾客需求，完备的售后服务要具备两个基本功能：一要在外部发挥作用，与客户进行良好的沟通，解决问题并使客户的基本需求得到满足；二要及时获取准确的产品和客户使用数据，以此为依据制定后续的技术改进、产品开发等决策。

二、汽车售后服务的作用

在激烈的市场竞争环境下，各大汽车企业的售后服务就是在这样的情况下出现的，这是一种必然结果。汽车 4S 店要想获得更大的客流量，提升自己所占的市场份额，获得更高的客户满意度和品牌口碑，就要将汽车产品的售后服务做好是重点任务。汽车售后服务的作用可归纳以下几点：

（一）是买方市场条件下汽车 4S 店参与市场竞争的手段

随着科技发展的日新月异，各行各业普遍遭遇生产能力过剩，包括但不限于汽车制造、化学生产、食品制造、日常消费品生产、通信网络和计算机领域。连汽车 4S 店和售后服务行业也不例外，处于竞争白热化状态。针对成熟的汽车产品，它们的功能和品质已经非常相似，因此汽车品牌之间的竞争越来越激烈。这导致“价格战”不可避免，会使得不少汽车 4S 店感到疲惫不堪。针对这种情况，汽车 4S 店需要通过款式、品牌、质量和售后服务等多个方面的差异性来确立市场地位和取得市场竞争优势。在汽车售后服务的市场竞争中，除了知名汽车品牌外，高品质的售后服务也是至关重要的因素。

（二）是汽车 4S 店保护汽车产品消费者权益的底线

为了确保生存和进步，汽车 4S 店必须向消费者提供物美价廉、安全可靠的汽车产品和售后服务。尽管汽车相关产品的水平和售后服务的质量不断提升，但要确保万无一失依然是汽车销售企业面临的一个难题。如果消费者操作不当或工作人员疏忽等原因，那么汽车可能就会出现不稳定或刹车失灵等多种问题。汽车 4S 店服务即使再上乘，也无法保证不会出现任何差错或没有任何消费者的抱怨。因而，汽车销售企业采取及时的纠错措施和积极应对客户的投诉，以提供售后服务，将是最有效维护汽车消费者权益的手段。汽车售后服务在保护汽车用户权益和利益方面具有至关重要的作用，是最终防线，可以纠正汽车 4S 店的错误，妥善解决消费者投诉问题，因此，它是一种重要有效的解决方案。

（三）是保持汽车 4S 店顾客满意度和忠诚度的有效举措

汽车消费者在寻求汽车产品和服务时，通常会综合考虑它们所提供的功能和非功能两个方面。一是关注消费者的实际需求，包括物质和服务质量；二是注重满足消费者的情感和心理需求，通过提供舒适的环境、完美的服务流程和细心及时的服务来实现。随着社会经济的不断发展和个人收入水平的提高，消费者越来越注重产品的非功能性优点，甚至比对产品功能性优点更加关注。在现代社会和市场经济中，汽车企业要实现长期盈利、成为强大企业，必须确保拥有长期合作的顾客、提高顾客满意度和忠诚度。汽车 4S 店要注重顾客的满意度，只有提供出色的售后服务，才可以促进企业的成熟和不断发展。

（四）是 4S 店摆脱价格战的一剂良方

我国的汽车 4S 店已经停止了快速增长，汽车市场总需求相对稳定，竞争变得非常激烈。一些汽车 4S 店为了增加市场份额，不惜采取极端手段展开价格竞争。许多汽车品牌通过各种促销活动采取变相降价的方式，大幅度压低了价格，导致汽车行业平均利润率不断降低，汽车 4S 店增长势头减缓。现阶段，采用服务策略来改善现状十分必要。为提高产品和服务的质量，汽车 4S 店可以采用多种措施，如推出独特的服务方案，提供与众不同的服务体验。

（五）是汽车技术进步和科技发展的必然要求

汽车的技术不断完善，科学技术飞速发展，使汽车已不再是一种奢侈品，逐渐成为越来越多的家庭常用代步工具，实现了平民化。“如果汽车出现故障了，应该怎么处理？我该如何使用它？”因为客户经常遇到各种问题，所以，汽车 4S 店需要提供更全面的服务支持，这不仅仅单指售后服务，也是现实情况所要求的。因此，汽车 4S 店要转变服务重点，从售后服务转为售前培训服务——提供培训和科普引导。汽车销售的范围不仅限于整车销售，还包括配件提供、维修保养和美容装饰等。汽车 4S 店还会提供一系列额外的附加服务，如产品使用指南、修理站地址和联系方式、客户反馈信息搜集等，旨在改善产品和服务质量、促进汽车技术进步、提供优质服务，这就是“系统销售”所涵盖的内容。汽车 4S 店要提供令消费者满意的服务，可以加快销售的进程。汽车 4S 店如果希望客户获得满意的服务，就得提供竞争对手不愿意，甚至无法提供的优异服务，并负责任地兑现承诺。汽车售后服务是企业的重要组成部分，为了达成企业和顾客彼此受益的局面，就必须不断提升汽车 4S 店的服务品质。

以上五个观点表明，汽车售后服务在汽车产品和服务市场方面扮演着重要的角色，对汽车市场的繁荣具有至关重要的作用。

第二节　汽车 4S 店售后服务流程管理

在汽车售后服务中，遵循规范要求、执行售后服务核心流程最重要的工作步骤，能确保客户需求得到满足，树立品牌形象，提高服务效率。在售后服务中，汽车 4S 店秉持着“顾客至上”的权益理念，将品牌服务的特点和策略凸显出来，让消费者深入体验有形服务的特色，提升消费者对企业的信任度和满意度。汽车 4S 店要通过实施标准化工作流程，确保所有服务行为在与客户接触时的操作一致性。汽车 4S 店可以通过优化关键流程来提升客户满意度，降低运营成本，提高服务效率。

售后的标准服务流程是针对客户对维修服务的期望所制定的。目前，各家汽车品牌都有自己的售后服务标准流程，所属汽车 4S 店必须严格按照规定流程执行。流程执行情况是考核的关键指标之一。

一、预约服务

（一）预约的分类

1. 主动预约

主动预约是指汽车 4S 店的售后服务部门，会依据现有的客户资料去主动联系客户，了解汽车产品购买后的情况，汽车零配件和整体的驾驶状况和感受等，根据实际问题、情况和需求，为他们制订一套专属的汽车养护计划。在约定的时间内，客户只要提前预约，便可以享受到优质服务，汽车 4S 店也会依据当时的车间维修量和工作负荷等情况进行合理安排。

2. 被动预约

被动预约是指客户在驾车时意识到车辆存在故障所进行的维修预约。如果车主查看自己的车主手册，认为自己的车应该保养了，却不想浪费时间排队等候，那么预约维修中心就可能会在车主到达前为他准备好所需的工具、配件和工位，这样车主到达后，就可以立即享受优质的维修和维护服务。

（二）预约的好处

有效预约可以协调客户到访时间，避免高峰期的拥堵，缩短等待时间，让服务人员有更多的时间与客户交流和沟通，提供更高质量的服务体验，能够高效地帮助汽车 4S 店规划每天的工作任务，充分利用资源，避免浪费。

（三）预约服务流程

预约服务流程，如图 5-2-1 所示。

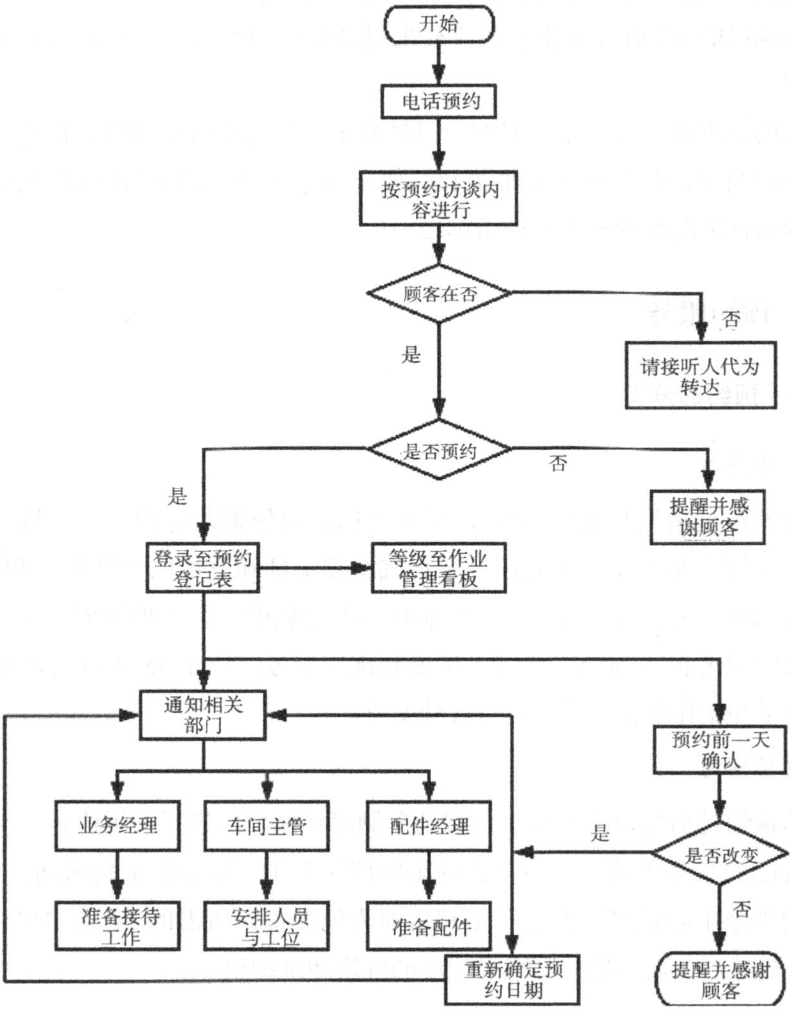

图 5-2-1　预约服务流程

（四）预约实施规范

①车辆保养电话预约应在保养前一周进行，信函预约应在保养前两周进行。

②对预约的客户应做好预约记录，并通知车间、配件部门。

③对预约的客户要预留工位、配件和维修人员。

④预约日前一天要提醒客户。

（五）预约服务应注意的问题

保留一定的生产能力是进行预约的一个基本原则，这意味着每天都需要留出一部分产能，用于未预约的客户和紧急情况的发生。

二、接待

（一）接待的重要性

因为第一印象在大多数人的记忆中是最深刻的，所以，汽车 4S 店的员工在接待客户时应当使客户对企业产生美好的第一印象。

从顾客将车停到业务接待厅门前的那一刻起，对顾客的接待就开始了，顾客就应当感受到友好的氛围，特别是受到友好的问候。接下来与业务接待员的接触、交谈是顾客接待工作的高潮。此时顾客对企业的好感和信任程度就产生了。

顾客是否留下，成为忠诚顾客，汽车 4S 店的接待人员负有实质性的责任。不满意的顾客会在其熟人当中到处讲述其对企业的不满，由此带来的损失是不可估量的。优秀的接待人员，可以化解顾客的不满，挽回由顾客不满带来的损失，为企业创造最大的效益。

（二）接待注意事项

①与顾客建立良好的沟通关系是确保顾客满意的先决条件，其中涉及认真倾听客户的想法和反馈、咨询问题、回答相关问题和提供专业建议。

②为了确保服务质量，建议在车辆检查时，接待人员应当与顾客共同完成，在需要使用升降机的情况下，接待人员应陪同顾客一同操作。这种方式可以增进企业与顾客之间的情感联系，建立起顾客对企业的信赖。

③汽车对许多消费者来说是一项非常重要的资产，它不仅有着实际价值，还承载着丰富的情感价值，企业要努力让顾客认同维修工作的必要性。大部分顾客

在送修前都会关注送修的一些不便和缺陷，如高昂的工时费、配件费、长时间的送取车过程和修车期间无法使用车辆等，因此，接待人员的重要工作之一是赢得顾客的信任。

（三）接待服务流程

接待服务流程，如图 5–2–2 所示。

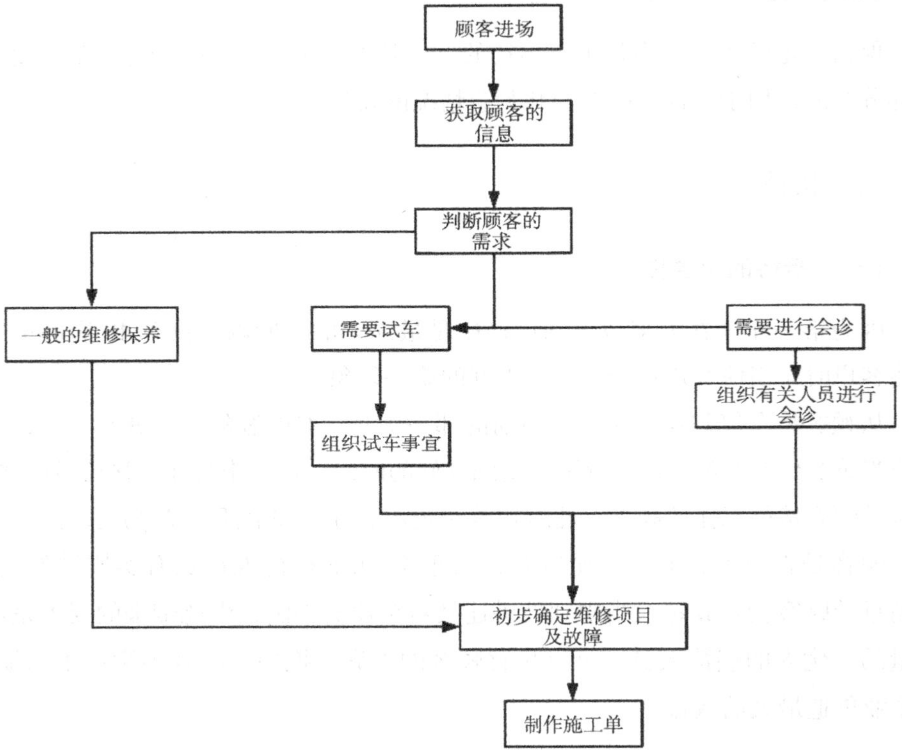

图 5–2–2　接待服务流程

（四）接待实施规范

①接待人员具备独立负责顾客接待工作的能力，不宜将自己的工作委托他人，这样做容易使顾客产生被忽视的感受，降低他们对企业的信任度。

②接待人员务必要将胸牌佩戴在醒目位置，以方便顾客识别身份，这样会建立更深的信任关系。

③在接待过程中，接待人员要注意对客户的称呼，如“王经理”“李老板”等，

加上尊称和客户职务，这样可以让他们感受到被重视，增加亲切感。

④接待人员可以将来访的客人划分为已预约客人和未预约客人，确保为不同的客户提供量身定制的服务：对于已预约的客户，要提前准备好修理单和档案，带领他们到维修区域，顾客会感到他们备受重视，会提升对接待服务的满意度；同时要对没有预约的来访者进行详细询问，以确保符合接待标准并做好登记。

⑤在接待过程中，接待人员应全神贯注，避免因匆忙或心不在焉而发生失误。

⑥业务接待人员需要认真聆听顾客的需求和问题，通过询问来更全面地了解他们的要求，并将所有重要信息记录在派工单上。

⑦业务接待人员应该在填写维修单之前与顾客一同对车辆进行检查。如果故障是在行驶时才出现的话，接待人员就需要与顾客一起试车。在顾客面前进行这种形式的技术检测，既能够增强接待人员的技能信心，又可以避免出现信任危机。如果出现新的问题，接待人员就可以考虑增加维修范围。接待人员如果对故障的诊断结果不确定，则可以请经验丰富的修理技师帮忙一起诊断车辆，一同检查车辆并留意是否出现任何瑕疵，以确保满足顾客的不同需求。同时，接待人员在维修单中详细说明车身划痕、破裂的灯具、缺失的轮罩等问题，以防止可能出现争议。

⑧接待人员要用清晰易懂的方式，向顾客详细阐述有关可能的维修范围，在需要时用具体实例帮助顾客更好地理解技术细节。

⑨接待人员须向客户解释维修工作的必要性和对车辆带来的益处。

⑩接待人员应在明确修复范围后，向顾客透彻阐述所需的工时与材料开支。当客户对价格感到惊讶或不满时，接待人员应该表达理解并详细解释每项工作所需的费用，不是漠视或采用讽刺的态度来对待顾客。如果接待人员在接待客人时给予充分的解释，客人会更容易理解情况。

在一些情况下，如果只有在拆下零件或总成后才能准确地确定故障和与此相关的费用时，接待人员报价应当特别谨慎。在这种情况下，对于费用预算，接待人员必须说明：“以上是大修发动机的费用，维修离合器的费用核算不包括在本费用预算中，只能在发动机拆下后才能确定。”

⑪接待人员在处理维修项目前，需要向顾客详细说明有可能出现的不同情况，征得他们的同意，不得擅作主张。例如，如果顾客想要更换活塞环，就需要提醒顾客这一操作可能会对气缸造成磨损，向顾客展示拆卸发动机缸盖后的检查结果，并询问其意见。

⑫在进行业务接待时，接待人员要在维修单上书写或打印详细信息，与顾客沟通确认维修需求。当确认顾客需求已经得到满足后，要求顾客在维修单上签字确认。

⑬结束后要提醒顾客将车内贵重物品取走。

⑭最后，可以请客户到休息区放松一下，或向他们告别，用谢谢和再见表示尊重。

三、作业前的说明

（一）作业前说明的重要性

在开展作业前，接待人员要向顾客清晰、明确地介绍作业的范围、时限、预估费用和交车时间等具体信息，这样可以有效地避免顾客投诉和经济纠纷的产生。

（二）作业前说明服务流程

作业前说明服务流程，如图 5-2-3 所示。

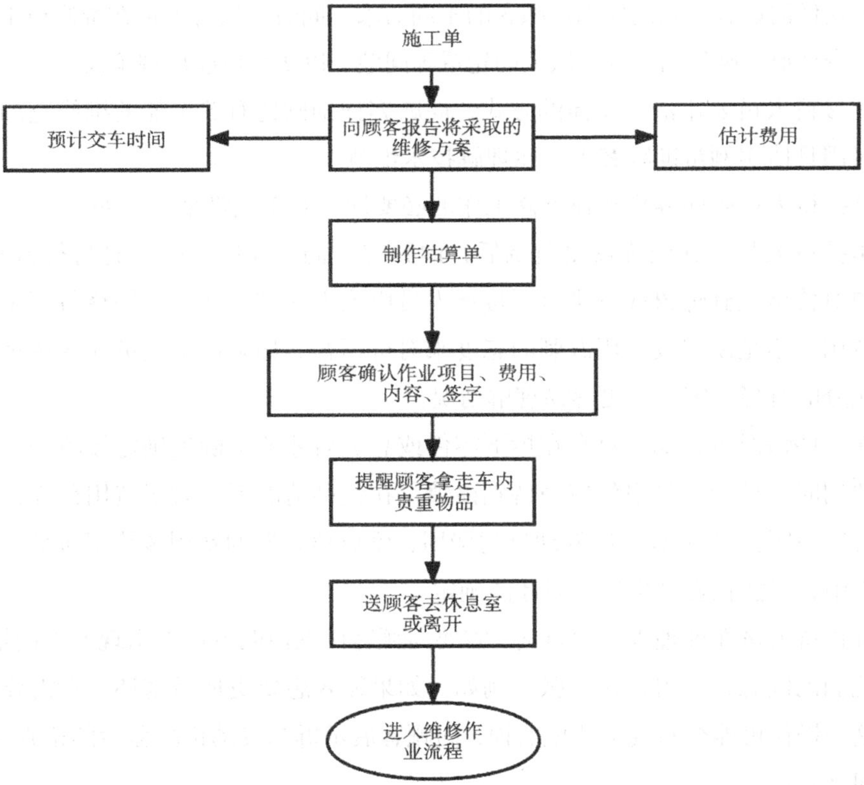

图 5-2-3　作业前说明服务流程

（三）作业前说明实施规范

1. 制作估算单

①按照施工单，在接待系统中输入作业代码、代码名称、作业时间等内容，确定作业的费用金额。

②查找需要的零件号码及价格，并填写在估算单上。

③零件没有库存的时候，询问顾客确认是否愿意在零件入库后再次来店，然后订购零件。如果零件价格昂贵，则可以向顾客收取部分定金。

2. 估算单的说明和确认

①向顾客出示施工单和估算单，同时说明作业项目、作业时间、预计金额和交车时间。

②确认并记录支付方法。

③在得到顾客认可后，请顾客签字。

④将施工单和估算单的副本交给顾客。

3. 引导顾客进入休息室

①如果顾客在店等候作业完工，应该引导顾客进入休息室，向顾客表示感谢，介绍可以免费享用的饮料、食物和休息室的设施。

②对于将汽车寄存在店内的顾客，需要再次确认联系方法。

4. 车钥匙和寄存车辆的管理方法

（1）做好记录

方便的车钥匙管理方法是减少时间浪费的关键，要做好管理。接待人员要迅速找到车辆，完成接待工作后（即收存了顾客的车辆后），认真仔细记好车钥匙、车辆、停车位置、施工单。

（2）基本管理细则

①接待完毕，给车辆编号，并把同样号码牌挂在车钥匙上。

②对车钥匙保管箱的钥匙挂钩编号。

③对停车场的每个车位编号。

④在施工单上，填写车辆牌照号码、钥匙号码、钥匙保管场所（挂放车钥匙的保管箱等）和停车场车位号码。

四、维修作业

（一）维修的重要性

在汽车企业中，维修作业是不可或缺的关键流程，对于企业的运营业绩和车辆维修品质有着直接的影响。因此，我们必须认识到维修工作的重要性。

（二）维修服务规范

1. 维修作业

（1）维修人员的服务规范

①维修人员需要着装得体、统一，展现出良好的职业风貌，保证安全，要穿着统一的工作服和安全鞋。

②维修人员在开展作业时，需要使用一些必要的保护装置，如脚垫、叶子板保护被、变速杆套等。

③维修人员要触摸内饰品时，须清洁双手。

④维修人员要遵守职业道德规范，不可在工作时间做无关的事，也不准在顾客的车内吸烟。

⑤维修人员需要将车辆整齐摆放在车间内。

⑥在作业过程中和完成后，要注意保持每个工作区域的整洁、干净，地面、工作台、工具柜等不可杂乱。

⑦在作业过程中，当油水或油脂类掉落在车上时，维修人员须清扫干净。

⑧工具、拆卸的部件及领用的新件不能摆放在地面上。

⑨维修人员在作业时，必须严格遵守职业规范和修理手册，按照正确、合理的顺序开展作业，要正确使用工作工具和仪器，暴力工作的方式不可取。

⑩维修人员在工作过程中，当未在维修单上出现的新故障时，要及时向车间主任报告，通知顾客，在得到准许确认和签字后方可继续追加维修工作。

⑪维修人员在工作期间要注意工作在约定的时间内完成，如果需要提前完工和延迟收工则向车间主任报告，与顾客联系获得准许后再执行。

⑫在作业过程中，维修人员如果发现必须马上修理的问题，或是发现轮胎、制动摩擦片过度磨损等近期要做维修状况时，应该通过车间主任告诉接待人员，

确认顾客意见（这次是否顺便维修）。这样可以让顾客感受到亲切周到的服务，并将上述情况记录在施工单上。

⑬在作业过程中，维修人员需要拆卸蓄电池，电子钟、收音机等储存数据可能会丢失，发现后应及时恢复，如果无法恢复原样，则应及时通知接待人员，并和顾客联系告知情况。

⑭在完成维修工作后，工作人员将车内布置恢复原有状况，在工作过程中产生的废物、垃圾等要清理干净。

⑮在作业过程中，维修人员需更换零件，被代替的旧件应放入袋子中交车间主任，由车间主任交服务顾问，或放在指定位置方便顾客取用。

⑯在作业过程中，维修人员如果移动了车内座椅或后视镜等位置，则在完成工作后要恢复原样。维修人员如果忘记原来的位置无法复原，则要事先通知接待人员，以便向顾客说明情况，取得顾客谅解。

⑰充分理解中间过程检查的意义，在拆解及再组装作业时，如果组装后无法检查，要在组装前请示检查。

（2）车间主任在作业中承担的工作

①检查监督作业进程，如果完工时间晚于预定时间，要尽早通知维修人员，以便联系顾客。

②当发生追加作业时，要联系接待人员。

③当进行保修作业时，服务顾问取得联系，确认是否可以做保修处理。

④对维修人员提供必要的技术支持。当作业要求超出维修人员的能力范围时，须另选合适的人员或亲自作业。

⑤当因缺件停工时，须把施工单放回维修进度管理板，通知服务顾问。

⑥区分返修预约和等待维修的顾客，按优先度的高低开始作业。

（3）维修顾问在作业中承担的工作

①通过与车间主任或作业中维修人员的交谈，始终有效把握所有车辆的作业进度。

②当发生作业延误和追加作业时，主动联系顾客请求认可确认。

2. 中间过程检查

①于需要拆解的作业，中途请技术主管确认状况并请求作业指示。

②在重新组装前，维修人员须检查自己的作业质量，确认没有问题后方可组装。

3. 作业完工

①在作业完工后，由维修人员进行完工检查，确认已完成顾客所要求的全部作业无任何遗漏。

②质检员进行完检查后，维修人员在施工单上填写完工时间。

五、质量检验

（一）维修质量检验的重要性

顾客需求的满足，维修业务的持续、稳健发展，只有在维修质量得到稳定保障的情况下才能实现。因此，认真监督维修质量能让客户满意，减少客户的抱怨和降低投诉的可能性，减少返工次数，为企业节省时间和效益。

（二）质量检验服务流程

质量检验服务流程，如图 5–2–4 所示。

（三）质量检验实施规范

一般情况下，维修质量采用自检、互检和专检联合的质量检验机制。维修人员有责任对自己的维修工作进行质量检查，各作业班组需要相互审核本组的维修质量。专职质量检验员负责对竣工车辆进行全面质量检查。经过维修后，专门负责质量检验的员工进行最终检查，以确保车辆的性能符合要求。要确保维修单上列出的所有维修项目均已得到妥善处理，符合质量标准。汽车维修完成后，要质量检验员要签确认维修清单，如果发现汽车未通过检验，则应该立即通知车间返工或返修，并填写相应的“返工 / 返修记录单”。在维修过程中，工作人员必须遵循质量检验原则。在分发部件前，要对所有部件进行检测以确保其合格，发现有不合格品不能分发。维修人员在发现不合格的零配件时，应及时向车间主任汇报，在经过车间主任的确认后将其退回配件库，以保证严格执行质量控制。在配件退回配件库时，库管人员要标记和记录配件信息。

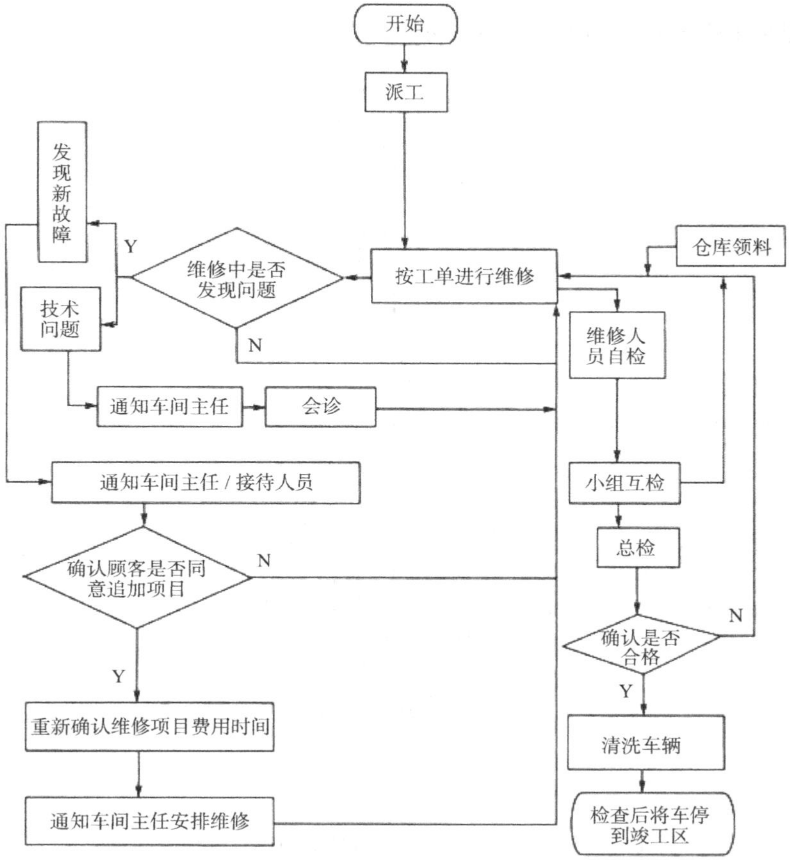

图 5-2-4　维修质检工作流程

六、交车

（一）交车的重要性

①提升顾客的满意度。

②体现出服务的物超所值。

（二）交车工作流程

交车工作流程，如图 5-2-5 所示。

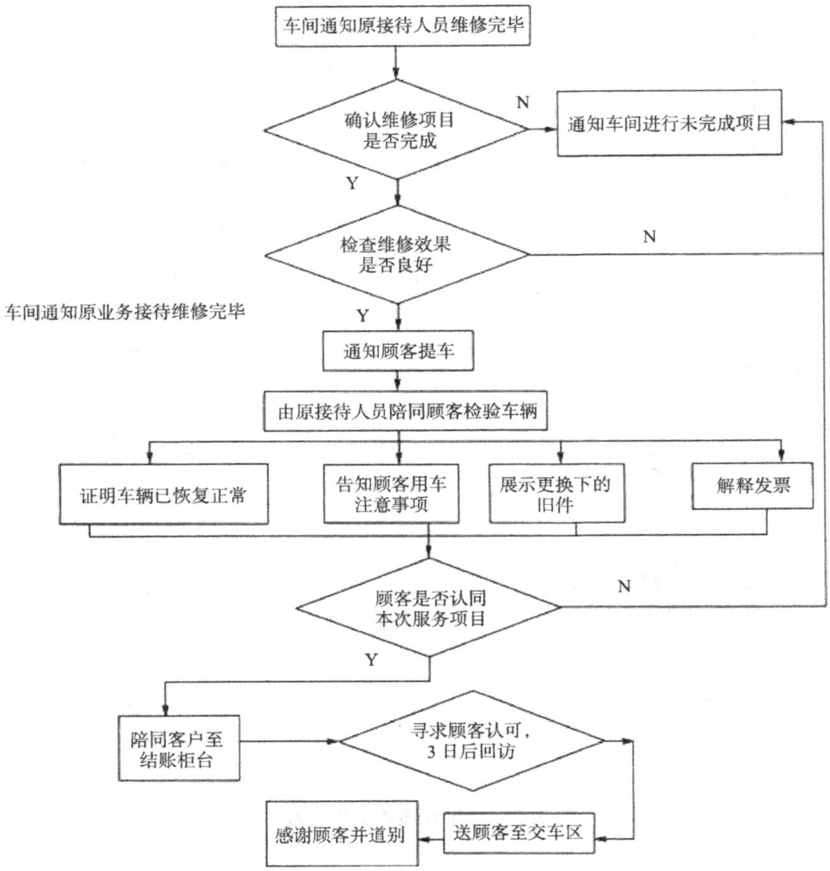

图 5-2-5　交车工作流程

（三）实施规范

①要保证车内外整洁干净，维修过的位置没有油污残留。

②对实际的交车时间、维修项目和具体费用进行核查，确保与维修单上一致。

③最终确认维修单上的工作任务是否都已经完成。

④在完成维修单的审验工作后，要将其交由收款员处做最后的费用核算。

⑤收款员要核对维修凭证和检查单据是否完整，以及出库材料和订单要求是否一致。

⑥接待人员在顾客取车时，应尽可能亲自引导顾客查看维修完成的车辆，让顾客对取车的过程留下良好的印象。这样可以让顾客感到自己的车辆现在已经完好无损，也能够坚定顾客对汽车 4S 店的选择。接待人员还应尽可能详细地向顾客介绍可以为其提供的免费项目，以吸引他们的注意力。

⑦在为顾客递交发票时，接待人员要向他们详细解释上面各项目消费，让他们了解其中哪些维修工作是有必要进行的。此时，接待人员带上损坏的零件来帮助说明，能够对顾客产生信任，借助损坏的零件来解释更换配件的必要性，避免顾客认为汽车 4S 店提供的服务过于昂贵。

⑧维修人员要及时提醒顾客在维修过程中发现但未处理的故障，如果情况允许则可以为其报价；如果发现的未处理故障中有涉及较为危险的安全隐患，则要向顾客说明处理故障和维修的必要性。

⑨接待人员可以向顾客推荐企业新推出的服务项目或优惠套餐，提醒他们下次的保养日期，这样大多数顾客会欣然接受，认为这是一个超值的服务。

⑩向顾客提出关怀性的建议。

七、跟踪

（一）跟踪服务的好处

①表达对顾客惠顾的感谢，提高顾客信任度。

②确保顾客对维修满意，对不满意的采取措施解决问题，保证顾客满意。

③将跟踪结果反馈给业务接待、维修经理、车间主任，找出改进工作的措施，以利今后工作。

（二）跟踪服务流程

跟踪服务流程，如图 5-2-6 所示。

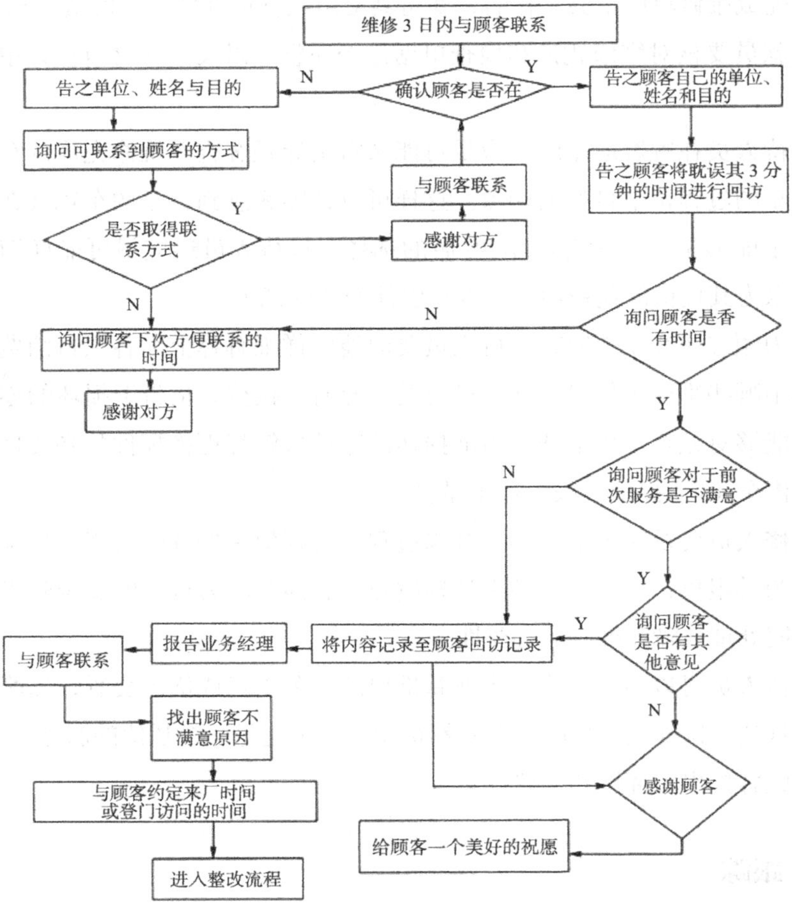

图 5-2-6　跟踪服务流程

（三）服务规范

①在进行跟踪时，回访人员可以使用电话或书信等方式，多数选择使用电话。通常回访应在顾客取车后的 1～3 天内进行，回访人员主动与顾客通过电话联系，询问他们对维修工作的满意度如何？

②回访人员要及时把跟进结果上报给维修经理，让他与顾客联系，如果发现是车辆存在质量问题，则要将车辆送回维修。汽车 4S 店需要不断改进服务，关注顾客需求，在顾客没有获得满意服务时，应向他们表达歉意，持续跟进服务，直到顾客满意为止，这样能确保从预约到跟踪结束形成一个完美的闭环。

第三节　汽车 4S 店维修服务管理

一、汽车维修服务计划

制订计划是为了精确规划未来目标的详细完成步骤，这一过程需要创新性思维。

计划的首要步骤是明确目标，缺乏目标就意味着缺乏推动力。这适用于个人和企业。计划的核心是满足顾客需求，利润只是达成这一目标的附带收益。管理企业是一个不断循环、持续改进提升的过程，这需要通过计划、组织和控制等职能来实现。

计划是为了确保企业内部的管理体系可以与外部的市场环境相协调，以符合企业的经营目标和策略。企业中的相关人员需要运用智慧来制定政策、方针、方案、程序和细则。计划是指在实施过程中所产生的可能和期望成果。为了使计划职能有效实施，企业需要将营运目标和策略转化为具体可操作的行动计划。计划还将制定组织职能基准要求，提供用于控制职能的检查标准。如果没有计划，那么企业便无法有效组织和管理。制订行动计划是每个企业最关键（也最具挑战性）的任务之一，涉及企业的各个部门的所有职能，尤其涉及管理方面的职能。

一个计划可以分为几个部分，或者是除一个总计划外，每个部门都有一个专门计划，但所有这些计划都是相互联系、结合在一起的，是一个整体。在这些计划中，无论哪一个计划有任何变动都会在总计划中表现出来。

计划的指导作用应该是持续不断的。由于人类的判断力具有局限性，必然要限制计划的期限。为了使计划的指导作用不中断，应该使第二个计划不间隔地接上第一个，第三个接上第二个，如此下去。

计划应当是相当灵活的，能顺应人们的认识而适当的调整，这些调整由于环境的压力或其他某种原因而成为必要。变动后与变动前一样，计划总是人们服从的“法规”。计划还要求在那些影响企业命运的未知因素所能允许的范围内，力求有最大的精确性。

通常人们可以用精确度来拟定最近的管理路线，在未执行这些行动以前，人们可能会遇到一些新情况，用以更精确地确定管理路线。

统一性、持续性、灵活性和准确性，都是一个好的行动计划的一般特征。

二、汽车维修服务的组织

组织职能是为实现企业计划规定的目标，设计任务结构和权力结构，进行生产要素（人力、物力、财力资源）合理组合的管理活动，其中，最主要的是人力资源的组织。无组织的人员是一盘散沙，不可能有共同的劳动。

（一）汽车维修安全生产的组织

一个企业的安全生产管理可以这样组织，具体内容如下：

①设立安全管理组织机构。设立安全管理组织机构包括明确第一责任人、直接责任人、安全主任和安全员等。图 5-3-1 为某汽修厂的安全管理组织机构图。

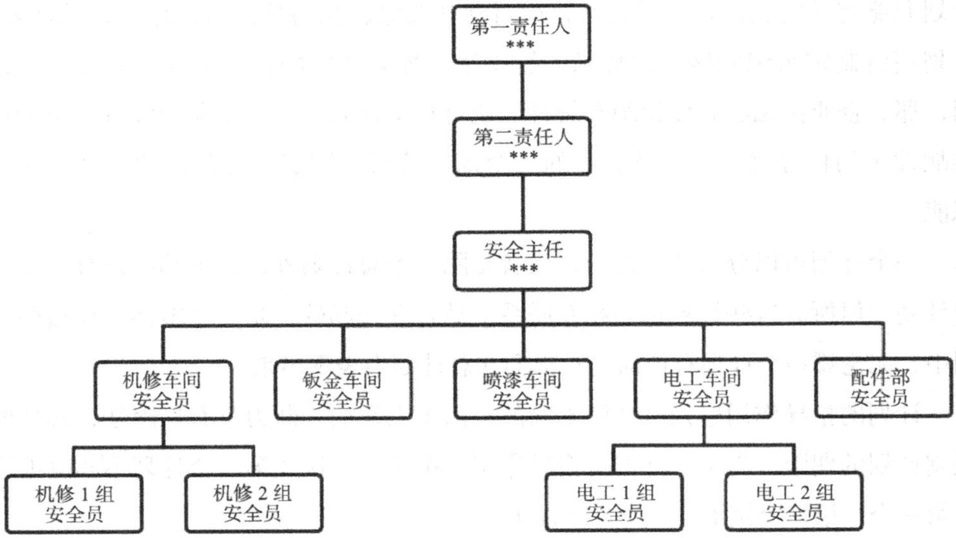

图 5-3-1　某汽修厂的安全管理组织机构

②划分并明确机构内人员的职责范围（安全责任制）。

职责范围不要有重叠，也不能留空缺（安全死角）。

③制定安全管理各种规章制度。例如，各种安全操作规程、守则、奖罚规定（有奖有罚）等。

④对全体员工进行安全培训（宣传教育）。一是安全知识的培训；二是安全意识的培训；三是各种安全管理规章制度的培训，要求全体员工贯彻实施。

⑤不定期进行安全检查和考核。

⑥对于检查中发现的问题（安全隐患）要进行整改。对于出现的大小事故一定要进行处理。检查中发现的问题一般有两类：一是规章制度没有得到认真执行，要对当事人进行批评教育甚至处罚；二是规章制度的制定得有不合理或不现实的地方，要修订规章制度。

（二）汽车维修过程的组织

关于汽车维修作业过程的管理，一要确立从进厂到出厂的生产流程；二要防止遇到瓶颈；三要做好质量控制，严格执行“三检”制度（进厂检验、过程检验、出厂检验或总检）。

1. 汽车维修过程的识别

要组织好汽车维修的过程，首先要对汽车维修到底经历了哪些过程进行识别，如果维修作业出现了问题，如出现返修或投诉等质量问题，只有找出是哪一个环节出了问题，才会有可能改善。图5–3–2是某大型汽修中心的汽车维修过程流程图。

2. 维修与服务指标的统计

建议统计以下各项指标：厂内返修率、厂外返修率、客户满意率、顾客投诉率和交车及时率。

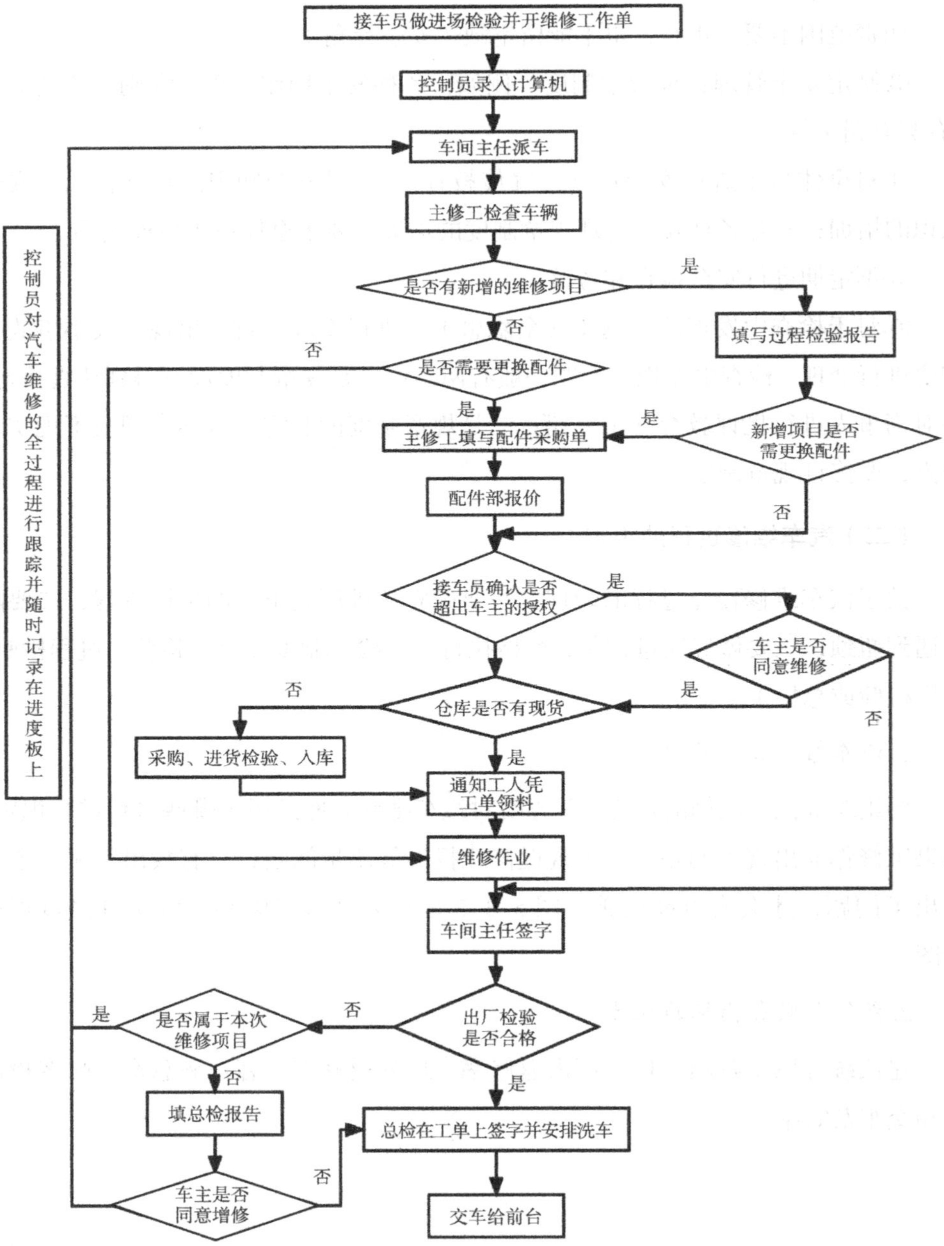

图 5-3-2　汽车维修过程的流程

（三）汽车维修业务接待的组织

1. 预约

预约对汽车 4S 店来说是机会和责任。机会是：让顾客在某一个约定时间将车开来，汽车 4S 店有更足够的时间向他提供完整的建议、更彻底地检查车辆和试验。责任是：汽车 4S 店必须遵守约定好的接车时间和交车时间，不能失约。顾客很难接受因汽车 4S 店的原因而不能将车修好，因为顾客为了避免这种事情的发生已事先作了预约。在约定日期前，汽车 4S 店一定要确保一切都准备妥当。

2. 接待顾客与车辆

（1）环车检查

建议将环车检查作为初步检查的一项内容，从中可向顾客提示有价值的服务信息，也可为维修车间增加维修项目。定期检查时也需环车检查，因此汽车 4S 店的工作人员对前来定期检查、保养的车辆，只需在接车时查看车身有无损坏，车内是否留有贵重物品。

检查的方法有以下几点：

①和顾客一起按图中标注的顺序环车检查，将检查结果记录在修理工单或相关检查表格中，如图 5–3–3 所示。

②将检查结果，特别是不正常情况，向顾客说明并记录在修理工单或检查表上。

③在环车检查后，评估检查结果，告诉顾客所需维修项目。例如，有必要向顾客建议增加相关维修或检查项目。

④要根据车辆的外观、车龄、行程检查适当的项目。

⑤对那些行驶里程长，抖动剧烈，有证据表明其曾在乡村公路上超负荷使用，或车门松动的车辆，一定要检查其悬架的坚固性和转向系统的可靠性。

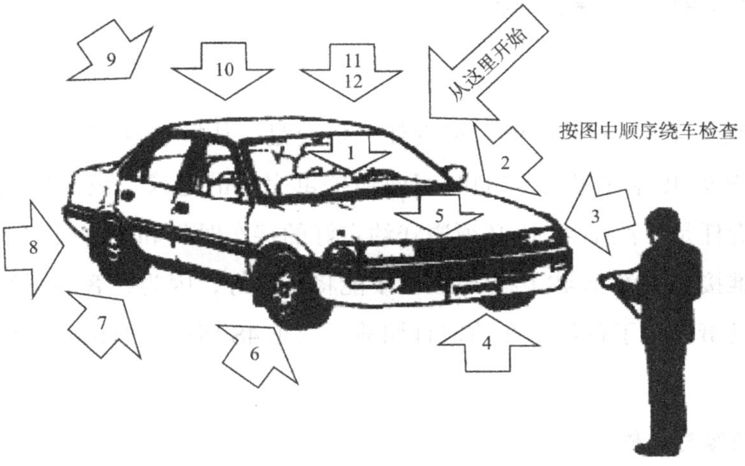

图 5-3-3　换车检查顺序

（2）建议定期检查保养

分析环车检查结果和上次保养维修的记录，根据车辆的行驶里程和使用状况，向顾客推荐适当的定期检查项目。具体方法如下：

①向顾客说明定期检查的必要性及好处。

②定期检查具有相当于车辆的“健康检查”和预防性保养两方面的好处。

③可使车辆保持在最佳状态，随着车龄和行驶里程增加，许多部件都会磨损，性能也随之下降，所以一定要将这些磨损零件恢复至原有状况。

（3）接车注意事项

具体包括以下内容：

①告诉顾客自己是谁（自我介绍）。

②要认真倾听顾客的倾诉，识别顾客的需求（用户细分）。

③当着顾客的面，在上车前先放座套与脚垫。

④要了解上次维修保养的情况。

⑤属于投诉与返修的车要请主管参与。

⑥遵守预约的接车时间（用户无须等待）。

⑦预约好的接车员一定要在场。

⑧接车时间要充足（足够的时间关照用户）。

⑨如有必要，则与客户共同试车或利用举升架检查。

（4）接车时不好的做法

具体内容如下：

①不遵守预约时间，用户等待接车。

②预约好的接车员不在场。

③接车员不检车或将检车任务交给车间（只按用户的陈述制单）。

④接车时匆匆忙忙，用户感觉被应付。

⑤车间没有现成工位。

⑥对不属于质量担保的内容没有正确解释。

⑦长时间找不到故障原因。

⑧不使用座套与脚垫等保护罩。

3. 明确维修要求

（1）判断是否符合保修条件

当顾客抱怨车辆有问题时，维修接待人员应迅速修理，防止因延迟修理使问题扩大，将顾客的不便降到最低程度。如果已同意对车辆保修，事后才发现车辆不符合保修条件，就很难说服顾客付费了，为避免发生类似情况，接待人员一定要正确判定车辆问题是否属于保修项目。判定能够保修的方法和要求如下：

①仔细倾听顾客诉说，询问故障如何发生，参阅顾客卡片（档案）和保修手册等资料，核实车辆维修史和保养状况。

②上车核查故障。如有必要，由车间主任或维修接待人员陪同顾客进行路试，了解车间主任的诊断结果。

③如果车辆不符合保修条件，工作人员应详细说明理由，使顾客理解。

（2）工作要点

具体包括如下内容：

①总结顾客需求，与顾客共同核实车辆、用户信息，将所有故障、修理项目、用户意见（修或不修）写在任务单上，顾客在任务单上签字。

②提供详细的价格信息。

③有些费用只有在零部件或总成拆开后才能确定，此时，汽车 4S 店可以作

出如下声明：变速器的修理费用不包括在此报价中，只有在变速器拆卸后才能确定。

④车辆外观、车内物品等内容应包括在维修工单上。

⑤确定交车时间（交车时间避开收银台前的拥挤时间）。

⑥要有足够的停车位，停车区域应标志明显。

⑦向顾客承诺工作质量，做质量担保说明和超值服务项目说明。

（3）妥善安置顾客

双方在维修工单上签字后，工作人员应将工单的一份副本交给顾客保管，作为双方车辆交接的凭证。如果顾客要离店，那么在有条件的情况下，接车员要尽可能安排顾客返回，或目送顾客。顾客愿意在现场等候休息，那么接待人员要让顾客有事可做。

（4）维修过程的监督和沟通

①工作进度控制。工作进度控制是维修服务运作中最重要的一环。负责控制工作进度的人员，在汽车 4S 店，可由维修业务接待人员或维修经理来担任。

要实现以下工作目标：监控整个作业流程，确保在规定时间内按计划完成工作；能够及时回应客户有关其车辆维修进度的疑问；了解维修车间的工作量，防止超负荷运作或积压。

②积压车辆管理：在第二日予以优先处理；向顾客详细说明推迟的原因并取得其谅解；分析近几个月内的车辆积压情况，找出问题；分析原因并设法补救。

由于零件缺货而造成的作业中断是时常发生的事，顾客对此虽可理解，但仍汽车 4S 店应尽力减少顾客的不便。为了能使车辆尽快回到路上行驶，维修人员和接待人员有许多事务要处理。维修人员必须确认已订货的零件是否到货，优先考虑待料的车辆；须记住交车日期，一旦零件到货便立即安排作业；要全面了解维修车间的作业中断弥补程序，将延迟交车时间减至最短。

③工作要点：随时检查工作进程；根据顾客授权范围决定是否与顾客沟通；如果变化超出顾客的授权，则要通知顾客并征得其同意；把顾客意见及时反馈给车间。

（5）交车前的最后检查

交车前的最后检查是维修业务接待中重要的一环，可改善工作质量，还会直接影响顾客的满意程度。由车间主任或总检员负责的最后检查，可保证质量控制获得更佳效果接待人员，一定要充分了解最后检查的方法和项目，确认最后检查的实施。万一发生返修情况，维修人员要找出补救措施。

工作要点如下：

①提早 2 小时检查作业进度，做到心中有数。

②将车辆内外清理干净（可由清洁中心处理）。

③礼仪性地将倒车镜、座椅、音响等恢复原位。

④交车前要做好充分准备，准备好相关材料。

⑤查看实际总费用和估计费用的差异，如超出估计费用，应采取相应措施。

⑥对照修理单进行车辆检查，检查完工项目，确保所有数据均已记入修理单，确认所有费用均已列在顾客账单上。

⑦为顾客写好作业项目说明，确保书面说明易为顾客所接受。

⑧为顾客列出相应账单。

⑨确认完成的作业项目符合顾客要求，将出厂返修率降至最低。

⑩列出建议下次维修的项目。

（6）交车时的维修工作说明

①交车工作要点：检查结算单（材料费、工时费与报价是否相符）；准时交车；向用户解释发票内容；向用户说明订单外工作和已发现但没解决的问题，对于必须修理但顾客未同意修理的项目要请顾客签字；交车时间要充足；遵守估价和付款方式；给顾客看旧件；告知顾客某些备件的剩余使用寿命（制动 / 轮胎等）；向顾客讲解必要的维修保养常识，宣传企业的特色服务；委婉地拒绝顾客的不合理要求，态度明确；要向顾客详细解释车间所做的工作，展示工作质量。

②可以增加一点额外服务，如胎压、紧固、清洁、润滑、调整等方面工作。

完成顾客提出的维修要求后，接车员工作基本上就完成了。汽车 4S 店应更加关注细节，让顾客感受到维修接待服务人员热情和体贴入微，提升顾客对企业的好感。在工作过程中，常常发现一些顾客并没有意识到的问题，这时就需要接待人员提出专业建议，以避免某些故障再次出现。通常在归还已修复的汽车时，接待人员可以通过口头或信息卡的形式提供这些建议。

（7）服务跟踪与改善

售后服务跟踪是对维修与服务质量的一种检查和信息反馈，可以借此向顾客表示感谢，如果顾客有不满，则可主动接受投诉，采取相应的纠正和预防措施。

①电话跟踪服务的优点：寻求反馈意见，表达感激之情，传达关怀之意；吸引忠诚顾客，增强品牌形象；及时与用户沟通，明确问题并提出解决方案，避免顾客的不满情绪引起口碑负面影响，或影响顾客再次光顾。一些汽车4S店没有认识到其不足之处，这些不足对顾客至关重要，汽车4S店应引起重视。

②电话跟踪服务注意事项：使用电话追踪服务时，为避免顾客对车辆存在问题产生误解，建议汽车4S店的工作人员使用标准化语言和语序表述，保持自然友好的语音语调，把讲话速度要放缓，这样既可以给没有准备的顾客留出时间去回忆细节，又可以避免让顾客产生很匆忙的感觉。在交付车辆后的1周内，工作人员要致电客户，了解他们对服务是否满意。进行回访的人应当具备一定的修理技能、出色的沟通技巧和语言运用能力，要注意时机，避开客户休息、会议和活动高峰期。通常来说，上午9～11点、下午4～6:30是较适合打电话的时间。当用户提出投诉时，汽车4S店不应该逃避责任，汽车4S店应该向顾客承诺已经记录了他们的反馈信息，并保证相关工作人员会积极跟进努力解决问题。工作人员要立即采取行动，及时作出回应，要对跟踪状况进行评估，实施改进措施。要针对用户提出的不合理要求，给予理性的说明和解释。汽车4S店的回访应涵盖各种客户类型，回访的对象数量越多，回访结果所传达出的信息越全面。此外，维修费用也可作为衡量标准之一。为了更好地操作车辆各种设备，提升它们的运行效率，工作人员需要详细说明每种设备的操作方式，就其运作提出技术建议。

③电话跟踪服务不好的做法：工作人员自我介绍不熟练可能会导致电话追踪服务不佳，顾客可能会对电话回访背后的动机产生怀疑；随意发言会导致顾客误认为他们的车辆存在问题；只顾及自身方便而不顾及顾客方便的时间安排电话，会降低客户对企业服务的满意度；缺乏维修相关知识、沟通技巧和良好的电话礼仪；在面对不合理要求时，表现得含糊不清；电话记录中存在信息不足的情况或记录的内容缺失重要信息。

后续跟踪服务包括三部分：及时电话跟踪、定时电话跟踪、定期上门访问。

第一，及时电话跟踪：在顾客取车后 3 个工作日内对顾客进行跟踪，确认顾客对修车的满意度。若存在某些令人不满意的地方，必须马上纠正，将信息及时反馈给维修车间。使用标准登记格式，建立顾客档案卡，便于跟踪服务。

第二，定时电话跟踪：使用维修档案，提醒客户定期保养车辆，做好详细记录。一般应提前 3 周首次通知，并在日期将至时再次通知。

第三，定期上门访问：由客户服务经理带队，选择一定比例的客户定期上门访问。

三、汽车维修服务的控制

（一）汽车维修服务的检查

汽车维修服务检查的方法很多，除了个人的观察、统计报告、口头汇报和书面报告外，还有多种组合起来应用的方法与程序。汽车的售后服务检查或评估可以用到多种方法，如“飞行检查”（突然检查）、“神秘顾客”检查（暗访）、公开的评估。汽车 4S 店可以将这些方法与评估结合起来。

①做好检查的准备，包括通知相关部门的经理，与其协商检查的时间，收集与检查部门相关的各种管理文件，如程序文件、作业指导书、质量记录表格等。

②制订检查计划，计划包括哪些人参加检查、分工如何。当然检查人员的分工要考虑检查人员的独立性，即检察人员不能检查自己部门工作，必须交叉检查才能保证公正性。

③制定检查清单，检查清单应根据该部门的工作程序文件，逐条列出来，形成检查要点，是详细的表格形式。

④检查清单制定后就开始检查。在检查前所在检查人员要开起始会议，会议时间很短就 10 分钟，主要是大家熟悉一下，安排分组、分工，发放各自所需的检查清单与表格，强调注意事项等。

⑤起始会议结束大家就分头行动，检查工作正式开始。检查现场当时的运作情况，看是否与各项规章制度文件相符，检查过去的工作记录，从各种途径寻找相关的证据，关键是看每个人、每个部门的实际工作是否符合文件（就是计划）的规定。如果在检查中发现了某个部门或个人的工作与文件不符，则检查人员必

须填写审核不合格报告。如果实际工作与文件相符，则检察人员在检查清单的审核结果栏内注明符合。

（二）对检查问题的处理

对于检查出来的问题（不合格）要进行处理（采取纠正措施）；对于还没有出现，但是潜在的问题（称为隐患），也要采取相应的措施进行处理（采取预防措施）。以下结合 ISO9000 质量管理标准中的纠正措施与预防措施要求进行探讨。

1. 纠正措施

针对检查出的问题，企业应及时纠错，采取相对应的解决措施，以防止类似问题再度发生。需要注意的是，所选择的解决措施应与问题所产生的影响程度相对应。

编制形成文件的程序，应规定以下方面的要求：

①评审不合格的性质（包括顾客抱怨）。

②确定不合格的原因。

③找出确保不合格不再发生所需的措施。

④确定和实施所需的措施。

⑤记录所采取措施的结果。

⑥评审所采取的纠正措施。

为了制定纠正措施，企业应当确定哪些方面需要采取纠正措施，收集信息，以确定需采取的纠正措施。纠正措施的选择原则以消除问题为根本，重要的是避免相同的问题再次发生。需采取纠正措施的问题可来源于以下方面：顾客抱怨，不合格报告，内部审核报告，管理评审结果，数据分析结果，顾客满意度调查结果，有关质量管理体系所形成的记录，企业内人员，过程检查，自我评定结果。

事实上，可以采用多种方法来识别不合格原因，其中有一种是通过个人，或者纠正措施项目小组得出的分析来识别。企业在考虑投入纠正措施方面的费用时，应该考虑这些措施对业务的影响程度。

企业应该在必要的情况下对不合格的根本原因进行分析，将其整合到改进措施中。在采取纠正措施前，企业应进行试验，以验证和分析出不合格的根本原因。

2. 预防措施

企业应确定预防措施，以消除潜在不合格原因，防止不合格的发生。预防措施应与潜在问题的影响程度相适应。

编制形成文件的程序，应规定以下方面的要求：

①确定潜在不合格及其原因。

②找出防止不合格发生所需的措施。

③确定并实施所需的措施。

④记录所采取措施的结果。

⑤评审所采取的预防措施。

为了确保预防措施的有效性和效率，企业必须进行系统的规划。制定策略时，需要考虑以往数据的趋势和企业业绩、服务性质相关的关键因素。为此，企业需要采用适当的方法进行评估，包括风险分析方法的应用、顾客需求和期望的评审、市场分析、管理评审结果、数据分析结果、满意程度调查、过程检查、相关方信息来源的汇总、有关质量管理体系的记录、从以往经验获得的教训、自我评定结果。

第四节　汽车 4S 店售后服务客户管理

一、汽车 4S 店客户管理系统的建立

随着汽车市场竞争的加剧，汽车企业的产品和服务变得相似度越来越高。要想在激烈的竞争中“杀出重围”，企业需要更好地了解消费者的需求、增强与消费的交流。在企业间的竞争中，构成一个相互关联的价值链（包含客户、供应商和合作伙伴）已成为至关重要的核心因素。随着市场竞争的日益激烈，以及产品和服务的日益丰富，尤其是信息工具和信息渠道的飞速发展，消费者对产品和服务的选择余地也越来越大，他们的品位和物质、精神欲望也在不断提升。因此，如何及时、准确地满足客户需求，吸引和留住顾客已成为现代企业竞争的重中之重。为了实现企业利润的最大化，企业必须优化与顾客的关系。为了提升业务运营效率，企业需要获取各种与顾客相关的信息，包括但不限于顾客的基本资料、

销售情况、市场动向、服务质量等。通过这些信息，企业可以在经营活动的开展过程中灵活地调整策略，更好地满足消费者需求。

（一）汽车 4S 店客户关系管理概念

客户关系管理①（Customer Relationship Management），简称为 CRM，是甘特纳（Gartner Groun）信息技术分析公司首先提出的，是企业为提高核心竞争力，达到竞争制胜、快速成长的目的而制定的以客户为中心的发展战略，包括在以客户为中心的基础上开展的判断、选择、争取、发展和保持客户所需要的全部商业过程；是企业通过开展系统化的客户研究，优化企业组织结构和业务流程、提高企业生产效率和利润水平的工作实践；是企业不断改进的与客户关系相关的全部业务流程；也是在自动化实现运营目标的过程中，所创造并使用的先进信息技术和优化的管理方法、解决方案的总和。

CRM 系统是为了满足每一位客户的个性化需求，与每位客户建立联系，通过与客户的联系来了解客户的不同需求，在此基础上进行"一对一"的个性化服务。通过 CRM 系统的实施，企业将实现"以产品为中心、以市场为中心"的模式向"以客户为中心"的模式转变，企业关注的焦点将转移到与客户的关系上来。从内涵上说，CRM 首先是一种管理理念，其核心思想是将企业的客户（包括最终客户、分销商和合作伙伴）作为最重要的企业资源，通过完善的客户服务和深入的客户分析来满足客户的需求。

CRM 是一种改善企业与客户之间关系的新型管理机制，实施于汽车企业的市场营销、销售、服务与技术支持等与客户相关的领域，通过向企业的销售、向市场和客户服务的专业人员提供全面、个性化的客户资料，强化跟踪服务，提高信息分析的能力，使他们能够协同建立和维护与客户及合作伙伴之间的"一对一"关系，使企业能够提供更快捷、周到的优质服务，提高客户满意度，吸引和维持更多的客户，增加营业额，并通过信息共享和优化销售流程来有效地降低企业经营成本。

CRM 是一种管理软件和技术，将最佳的商业实践与数据挖掘、数据仓库、一对一营销、销售自动化和其他信息技术紧密结合在一起，为企业的销售、客户

① 胡立琴，赵鑫，罗阿玲. 客户关系管理 [M]. 重庆：重庆大学出版社，2021.

服务和决策支持等提供一个自动转化的解决方案。企业有了一个以电子商务为基础的、面向客户的活动中心，成功实现从传统企业模式到以电子商务为基础的现代企业模式的转化。

CRM 的实施，要求以“客户为中心”来构架企业，完善对客户需求的快速反应的组织形式，规范以客户服务为核心的工作流程，建立客户驱动的产品服务设计，培养客户的品牌忠诚度，扩大可营利份额。

CRM 可以实现企业的自动化服务，能使企业充分利用客户信息来优化企业的决策过程。CRM 使企业逐步从传统的营销、销售和服务模式，进化到以互联网为中心的模式来扩大市场领域，改进客户服务，以及增强产品和服务的个性化。CRM 的研究与应用对提高企业运作效率，增加经济效益，以及加强企业竞争力都具有重大的现实意义。

1. 客户关系管理的技术功能

客户关系管理的主要技术要求包括：分析信息的能力、对客户互动渠道进行集成的能力、建设集中的客户信息仓库的能力、支持网络应用的能力，对工作流进行集成的能力、与 ERP（企业资源规划）进行无缝连接的能力。

（1）分析信息的能力

尽管 CRM 的主要目标是提高同客户联系的自动化程度，改进与客户联系的工作流程，但强有力的商业情报和分析能力对 CRM 也是很重要的。CRM 系统有大量的关于客户和潜在客户的信息，企业有关部门应对这些信息认真分析、归类，使企业的决策者所掌握的信息更全面、准确，能更及时地作出正确的决策。

（2）对客户互动渠道进行集成的能力

对多渠道进行集成与 CRM 解决方案的功能部件的集成是同等重要的。不管客户是通过互联网与企业联系，还是与携带 SFA（Sales force automation，销售业务自动化）功能的便携计算机的销售人员联系，或是与呼叫中心代理联系，与客户的互动都应该是无缝的、统一的、高效的，统一的互动渠道能带来工作效率的提高。

（3）建设集中客户信息仓库的能力

CRM 解决方案应采用集中化的信息库，这样，所有与客户接触的企业工作人员均可获得 CRM 解决方案。采用集中化的信息和实时的客户信息，使企业各业务部门和功能模块间的信息能统一起来。

（4）支持网络应用的能力

在支持企业内外的互动和业务处理方面，互联网的作用越来越大，使 CRM 的互联网功能越来越重要。以互联网为基础的功能对一些应用很重要。一方面，互联网作为电子商务渠道来讲很重要；另一方面，从基础结构的角度来讲，互联网也很重要。为了使客户和企业员工都能方便地应用 CRM，企业需要提供标准化的网络浏览器，使用户只需很少的训练或不需训练就能使用 CRM 系统。业务逻辑和数据维护是集中化的，这就减少了系统的配置、维持和更新的工作量，就基于互联网系统的配置费用来讲，也可以节省很多。

（5）对工作流进行集成的能力

工作流是指把相关文档和工作规则自动地（不需人干预）安排给负责特定业务流程中特定步骤的工作人员。CRM 解决方案应该具有较强的功能，为跨部门的工作提供支持，使这些工作能动态的、无缝的完成。

（6）与 ERP 功能的集成

CRM 要与 ERP 在财务、制造、库存、分销、物流和人力资源等环节连接起来，提供一个闭环的客户互动循环。这种集成包括低水平的数据同步和业务流程的集成，这样才能在各系统间维持业务规则的完整性，工作流才能在系统间流动，这二者的集成使企业能在系统间收集商业情报。

2. 客户关系管理系统结构模式

CRM 是集市场、销售、服务于一体的管理系统，通常划分为 4 个子系统：客户销售管理子系统、客户支持与服务管理子系统、客户市场管理子系统、数据库及支撑平台子系统。

客户销售管理子系统是全面的销售自动化管理系统，目标是提高销售的有效性，保证客户销售数据的准确性、及时性和完整性，对客户销售进行有效管理，提供决策支持所需的数据。在引入网上商务后，该系统能够对线上商务提供支持，进行网络销售。

客户支持与服务管理子系统，集中应用与客户支持、现场服务和仓库管理相关的商业流程的自动化和优化上。

客户市场管理子系统，使市场营销专业人员能够对直接市场营销活动的有效性加以计划、执行、监视和分析。通过使用工作流程技术，该系统使一些共同的任务实现商业流程自动化。此外，该系统还可向市场营销专业人员提供分析其市场营销行动有效性的功能。

数据库及支撑平台子系统，提供 CRM 的数据库解决方案和在网络环境下的系统运行平台，是整个 CRM 系统的基础。CRM 一般包括系统管理、客户信息管理、客户订单管理、销售过程管理（订单跟踪）、市场营销管理、客户服务管理、决策支持系统、市场分析预测等功能模块，可与电话中心应用软件、财务管理软件等有机连接，使企业能有效及时地掌握客户需求并做好客户服务。

3.CRM 工作过程

CRM 按照业务规则实现各业务组之间数据的自动流转。在销售环节，在使用客户的销售管理中，营销人员能够通过计算机、笔记本电脑和掌上电脑，随时得到从报价、订货到结算整个过程中生产、库存、订单处理的有关信息，也可对客户资料和合同进行全面管理，随时随地与客户进行业务活动，在一定程度上实现销售自动化，使营销人员能够将主要精力集中在开拓汽车市场上，也使决策者能够预测全球范围内市场的风云变幻，将企业的运营维持在最佳状态。在市场营销环节，客户市场管理可以提供市场营销自动化解决方案，如基于互联网和传统的市场营销活动的策划和执行，客户需求的生成和管理，预测和预算，宣传品的制作和管理，产品及竞争对手信息的汇总，对有购买意向的客户跟踪、分配和管理。这些功能可帮助企业实施针对性强、效率高的市场营销活动，争取和保留更多、更有利的客户。

在支持与服务环节，CRM 可为企业提供有竞争力的售后支持、修理和维护服务，可以实现纠纷、欠货和订单的跟踪，维修人员的预约、调度和派遣，记录发生过的问题和解决过程，现场服务的管理，备件的管理及其他后勤保障，服务请求及服务合同的管理，服务收费自动核算等功能，允许客户选择电话、互联网访问等多种方式与企业联系。企业与客户打交道的各个部门，也能随时得到与客户相关的资料，真实、全方位地了解客户。

（二）汽车 4S 店客户关系管理

1. 客户档案

现代企业越来越重视客户服务和关怀，积极倾听和分析客户反馈的信息，它们深知，保住客户就意味着保住企业的命脉。CRM 系统内的客户关系管理完整、细致且功能强大，完全等同于一个专业的客户关系管理系统。

在客户管理中，客户档案是录入的一个最主要模块，主要信息有客户的姓名、联系方式、车辆信息和客户生日、客户类型、地区、分类、客户来源等，文字简洁实用。此模块除了可以查询客户的详细资料，还便于以后对客户多种数据的统计和查询，有助于客户管理工作的展开。客户档案除了录入汽修客户外，还可以录入供应商、销售客户、合作伙伴等所有资源，通过客户类型来区分。如果客户是一个企业，则可以建立多个联系人，并记录联系方式。在此模块中，还可以设定提醒服务，到期自动提醒，不错失任何一个工作安排和合作机会，此模块还有短信功能。

2. 客户分析模块

客户分析包括：不同信息客户资料的分析统计、客户价值分析、热销产品分析、销售分析、销售走势、业绩排名等。

二、汽车 4S 店维修客户的管理

（一）汽车维修客户管理中存在的问题

1. 汽车客户信息不全

许多汽车 4S 店仅了解客户的表面信息，缺乏对客户更深入、更重要信息的调查。

2. 汽车客户信息零散

尽管某些汽车 4S 店已经记录了客户信息并创建了客户档案，收集和保存了客户信息，然而它们却未能将这些信息集中管理，使客户信息异常分散。

3. 汽车客户信息陈旧

尽管一些汽车 4S 店已经建立了客户信息管理系统，但是，它们没有持续更新和维护现有信息，没有及时更新客户信息的意识，认为信息管理工作已经完成，导致所储存的客户信息已经过时陈旧，极大地影响了汽车 4S 店对客户现状的准确判断，影响了管理者的决策。

4. 汽车客户信息管理不够科学规范

汽车 4S 店缺少专门、标准的客户数据库。有些汽车 4S 店已经认识到，客户信息管理是一项非常重要的、经常性的工作并给予足够的重视，但在具体操作上还采用传统的书面档案管理方式，不能满足现代企业客户信息管理的需要。这类汽车 4S 店缺少专门、标准的客户数据库和科学、先进、规范的管理。

（二）客户信息管理

1. 客户信息管理的用途

（1）适用于评估信用状况

为了确保企业的资金使用和项目审批得到规范和科学的管理，必须收集客户各方面的信息，以此作为基础，对客户进行全面、细致、准确的信用评估。

（2）用于降低交易风险的影响

通过更加精细的客户信息管理，企业可以更全面地了解客户的信用情况，避免在交易过程中因客户信息不足或不准确而引发风险和欺诈行为。通过客户信息管理，企业可以不间断地监测客户信用状况，避免因客户信息陈旧而产生相关的错误和损失。

（3）有助于促进不同企业部门之间的信息共享和协同合作。

如果采用标准客户信息管理系统，则可避免不同部门之间信息独立，有效防止沟通和交流，足下导致的资源浪费和重复调查，有效地削减管理成本。

（4）保护企业重要的客户资源

通过严格的客户信息管理，企业可以对重要客户资源进行规范化和中心化管理，避免个别员工过分依赖和垄断客户资源，最大限度地预防企业内部人员与不良客户勾结，保护企业利益。

规范管理客户信息，可以建立企业与老客户之间的良好关系，提高客户的忠诚度。有效地处理这些客户，可以确保企业具有稳定的维修收入。

2. 汽车客户信息的档案内容

（1）汽车客户基础资料

即客户最基本的原始资料，主要包括客户名称、地址、电话、所有者、经营管理者、法人代表，以及他们个人的性格、兴趣、爱好、家庭、学历、能力、创业时间、与本企业交易时间，以及客户企业的组织形式、业种、资产等。这些资料是客户管理的起点和基础，主要是通过维修员进行客户访问收集而来。

（2）汽车客户特征

主要包括服务区域、维修能力、发展潜力、经营观念、经营方向、经营政策、企业规模、经营特点等。

（3）汽车业务状况

主要包括销售业绩、经营管理和业务人员的素质、与竞争者的关系、与本公司的业务关系、合作态度等。

（4）汽车交易现状

主要包括客户的维修活动现状、存在的问题、未来的对策、保持的优势、企业形象、声誉、信用状况、交易条件和出现的问题等方面。

建议将客户的资料记录在管理卡上，妥善保管。这是企业综合资料中的一项，是维修人员的参考。企业还可以根据客户资料表中的信息建立客户档案记录卡片。

3. 汽车客户信息档案建立的方法与原则

（1）按照维修量的大小排序

这是最常见的方法：①按产品种类建立客户档案；②按产品和服务提供的行业划分；③按维修地区对档案进行分类；④按客户资信等级建立客户档案。

（2）汽车客户档案管理的原则

①突出重点；②灵活运用；③动态管理；④管理制度化。

（三）客户资信等级管理

1. 不同资信等级客户的管理

资信等级评估的目的在于评价客户的信用水平，企业可以利用资信等级对客户进行管理。针对不同资信等级的客户，维修公司和各维修片区应该采用不同的维修管理策略。

A 级客户的信用记录良好，可以采取灵活的赊销和回款政策。如果客户在周转资金方面遇到了问题，或需要购买大量商品但未能立刻支付，那么汽车 4S 店的相关工作人员可以考虑为其提供一些信用销售额度和宽限回款期限。但是，汽车 4S 店应该确保信用销售额度不超过一次购买的数量，宽限期应限制在一个购买周期内。

针对 B 级客户，先设定一个上限，根据客户的信用状况逐步调整限制。通常要求货款与货物同时交付，但在处理货款与货物同时交付的方式上，需要注重技巧和灵活性，避免让客户感到不便或不舒服。汽车 4S 店在确认客户已经准备好支付货款或付款后，再通知公司发货。在特殊情况下，汽车 4S 店可以通过银行承兑汇票的方式进行结算，容许少量货款赊账。

针对 C 级客户，需要谨慎考虑是否给予信用额度，可能需要采取现金交易方式。对于欠债较多的客户，汽车 4S 店应强硬维权并考虑应对该客户可能破产倒闭的情况，制定相应补救措施。汽车 4S 店应当逐渐将重点客户从 C 级客户转变为那些信誉良好、经营实力强的客户，以提高客户群体的整体质量。

D 级客户应采取现款现货或先款后货的交易方式，不得提供信用交易，如果发生货款追回事件，则应逐步减少此类客户的业务。

汽车 4S 店应对新客户进行信用评估。汽车 4S 店通常对待新客户的方式是将其视为 C 级客户，只接受现金支付并提供现货。在与客户多次开展业务后（通常至少 3 个月），汽车 4S 店就可充分了解新客户的资信情况，应根据通常的资信等级标准进行评估。

2. 汽车客户资信等级的定期核查

汽车客户的信用等级是动态变化的，有些客户的信用等级逐步提升，而另一些客户的信用等级在逐渐下降。如果不根据信用评估修正维修政策，可能会导致对信用评级较低的客户过于严格，引发客户投诉。如果没有及时发现客户信用评级下降的情况，可能会面临欠款难收的问题。因此，汽车 4S 店应定期审查客户的信用评级，以便随时了解他们的信用情况。

参考文献

[1] 牛艳莉，任俊峰，岳颖，等 . 汽车营销学 [M]. 重庆：重庆大学出版社，2019.

[2] 郭桂山 . 风口上的汽车新商业 [M]. 北京：人民邮电出版社，2016

[3] 赵计平，袁苗达，李雷，等 . 汽车售后服务技术人员培训能力标准 [M]. 重庆：重庆大学出版社，2015

[4] 叶芳，邓长勇 . 汽车服务理念与技巧 [M]. 重庆：重庆大学出版社，2015

[5] 叶东明 . 如何经营好 4S 店 [M]. 北京：化学工业出版社，2012.

[6] 刘军 . 汽车 4S 店管理全程指导 [M]. 北京：化学工业出版社，2011.

[7] 栾琪文 . 现代汽车维修企业管理实务 [M]. 北京：机械工业出版社，2011.

[8] 朱建柳 . 汽车服务企业管理 [M]. 西安：西安电子科技大学出版社，2013.

[9] 卢圣春，马卫强 .4S 店经营与管理 [M]. 北京：化学工业出版社，2011.

[10] 厉承玉，王鹏权，杨海鹏 . 汽车营销 [M]. 武汉：湖北科技大学出版社，2012.

[11] 师巧 . 大数据时代下汽车 4S 店营销模式的问题及对策研究 [J]. 内燃机与配件，2022（3）：223–225.

[12] 李响 . 新时期汽车 4S 店的营销策略优化分析 [J]. 营销界，2020（24）：181–182.

[13] 李红梅，张云莉，蒋小燕，等 . 基于大数据背景下的汽车 4S 店营销模式优化 [J]. 汽车实用技术，2020（9）：274–278.

[14] 阚勤 . 客户关系管理在汽车 4S 店市场营销中的应用研究 [J]. 中国集体经济，2020（13）：57–58.

[15] 胡珀 . 基于 O2O 模式的汽车 4S 店营销策略研究 [J]. 现代营销（信息版），2020（2）：251.

[16] 何欣 . 我国汽车 4S 店营销模式的典型弊端分析与解决方案 [J]. 传播力研究，2018，2（18）：216.

[17] 靳丽遥，靳俊喜 . 汽车 4S 店营销新策略研究 [J]. 时代经贸，2018（14）：70–71.

[18] 刘昱 . 小规模汽车 4S 店营销现状及改进意见 [J]. 吉林省教育学院学报，2016，32（11）：184–186.

[19] 丁扬志 . 基于汽车 4S 店营销策划活动组织过程研究 [J]. 现代经济信息，2016（17）：372.

[20] 王树君 . 基于计算机网络技术的汽车 4S 店新兴营销网络应用浅析 [J]. 科技资讯，2016，14（14）：70–71.

[21] 舒剑 . 基于校企合作的汽车 4S 店运营模式研究 [D]. 重庆：重庆交通大学，2020.

[22] 孙雯雯 . 汽车 4S 店顾客满意度的调查研究 [D]. 天津：天津师范大学，2019.

[23] 刘晓娟 . 互联网时代东风日产汽车 4S 店智慧营销研究 [D]. 蚌埠：安徽财经大学，2019.

[24] 石晓东 . 汽车 4S 店经营管理模式研究 [D]. 长春：吉林农业大学，2018.

[25] 王建勇 . 限行限购环境下的汽车 4S 店生存与发展 [D]. 天津：河北工业大学，2014.

[26] 李长青 . 服务营销在汽车 4S 店经营中的应用 [D]. 泉州：华侨大学，2013.

[27] 杨奥敦 . 我国汽车 4S 店综合运营能力评价研究 [D]. 北京：北京化工大学，2012.

[28] 李磊 . 汽车 4S 店经营管理现状与对策研究 [D]. 重庆：重庆交通大学，2011.

[29] 翁恒韶 . 基于约束理论的汽车 4S 店运营策略研究 [D]. 武汉：华中科技大学，2008.

[30] 潘海雄 . 汽车 4S 店售后服务营销及管理对策 [D]. 武汉：华中科技大学，2006.